河北省明长城资源调查报告

第三卷（下册）

张家口市

河 北 省 文 物 局
河北省文物与古建筑保护研究院 　编著

文物出版社

张家口市明长城资源分布图

图一 张家口市明长城墙体、关堡、相关遗存分布图

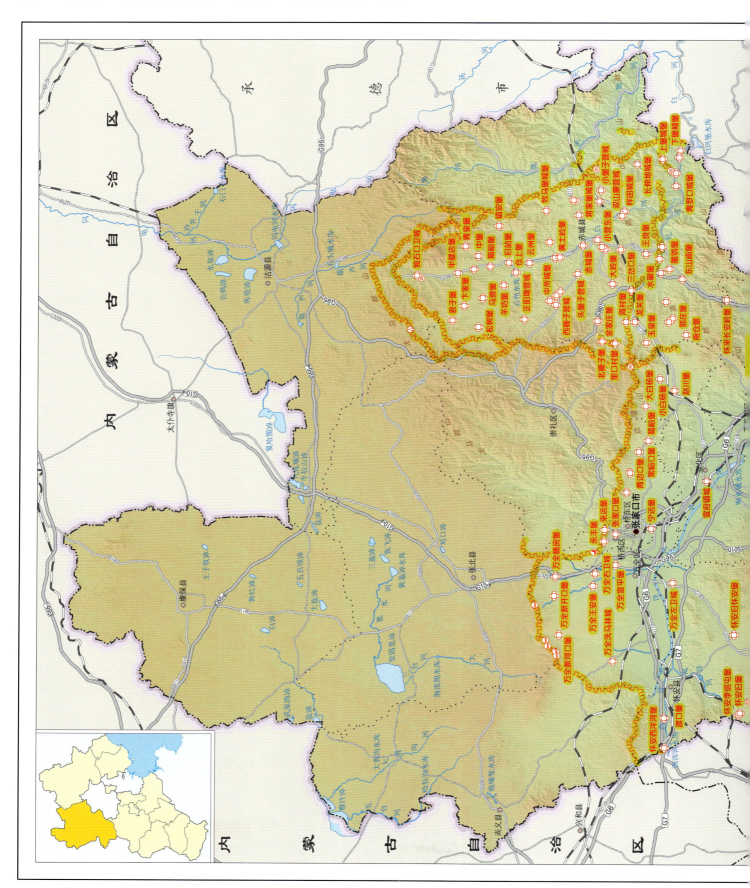

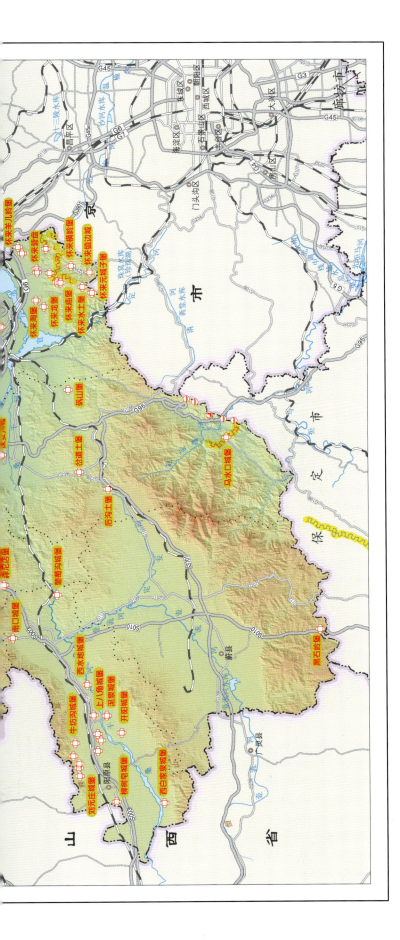

图例

⌐⌐⌐⌐⌐	明长城墙体
⊞	堡
△	烽火台
⊟	挡马墙
⊡	敌台
⊡	马面
⊡	水门（关）
⊙	砖瓦窑
⊙	碑碣
⊡	居住址
⊡	其他相关遗址、遗迹
⊛	首都
⬢	省级行政中心
★	雄安新区市民服务中心
⬤	地级行政中心
⊙	县级行政中心
—‑—‑—	省级界
— — —	地级界
– – –	雄安新区界
··········	县级界
▬▬▬	铁路
═══ G7 ═══	高速公路及编号
─── G207 ───	国道及编号
───────	省道
～～～	水系及闸坝

比例尺 1：940 000

张家口市长城资源概况

　　张家口市明长城资源调查墙体361段，总长686699米；单体建筑2837座，其中：敌台478座、马面111座、烽火台2248座；关堡136座；相关遗存19处。

图二 张家口市明长城墙体、烽火台分布图

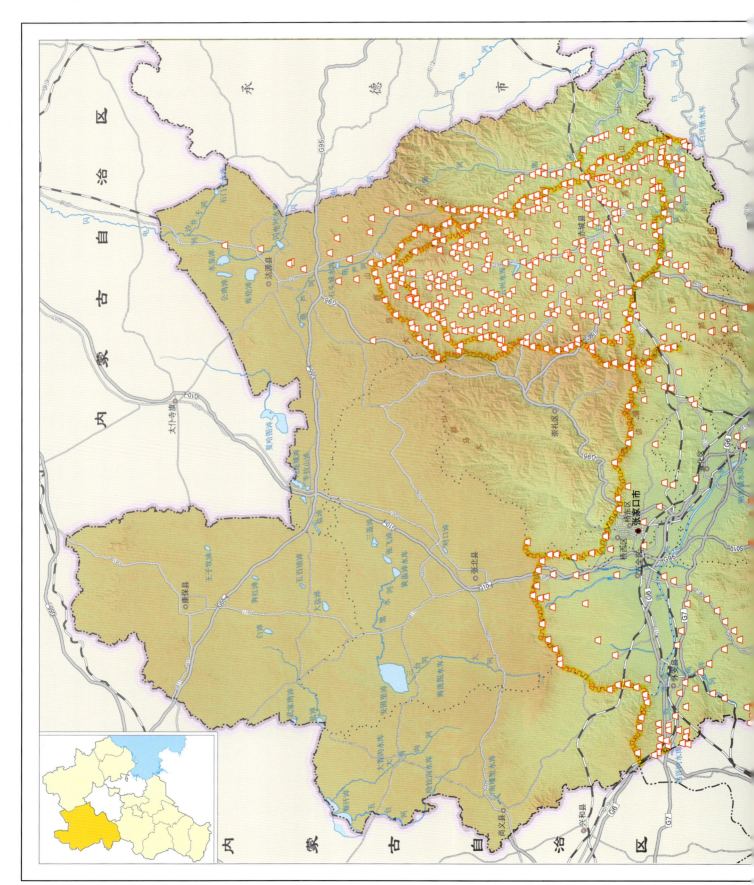

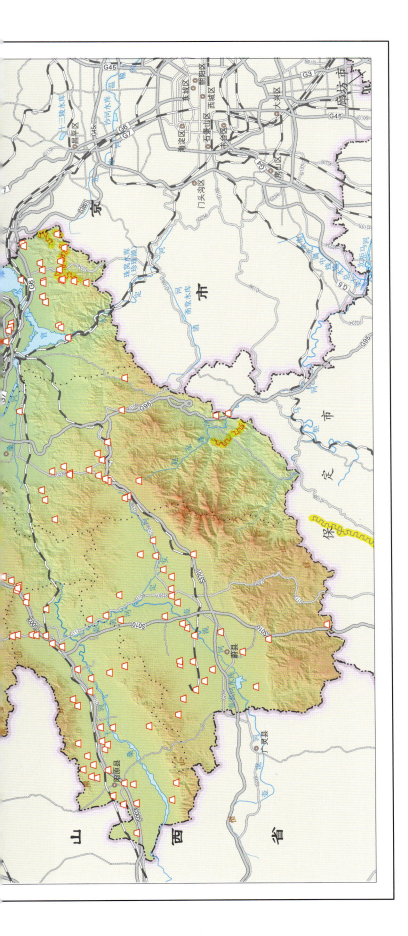

图 例

▢▢▢▢	明长城墙体
✤	堡
△	烽火台
⊖	挡马墙
▣	敌台
▣	马面
▣	水门（关）
◎	砖瓦窑
⊞	碑碣
▣	居住址
▣	其他相关遗址、遗迹
⬤	首都
⬤	省级行政中心
★	雄安新区市民服务中心
⬤	地级行政中心
◉	县级行政中心
—‥—‥—	省级界
————	地级界
— — —	雄安新区界
··········	县级界
▬▬▬	铁路
══G7══	高速公路及编号
─G207─	国道及编号
∙∙∙∙∙∙∙	省道
〜〜	水系及闸坝

比例尺　1：940 000

张家口市长城资源概况

张家口市明长城资源调查墙体361段,总长686699米;单体建筑2837座,其中:敌台478座、马面111座、烽火台2248座;关堡136座;相关道存19处。

图三　赤城县明长城墙体、关堡、相关遗存分布图

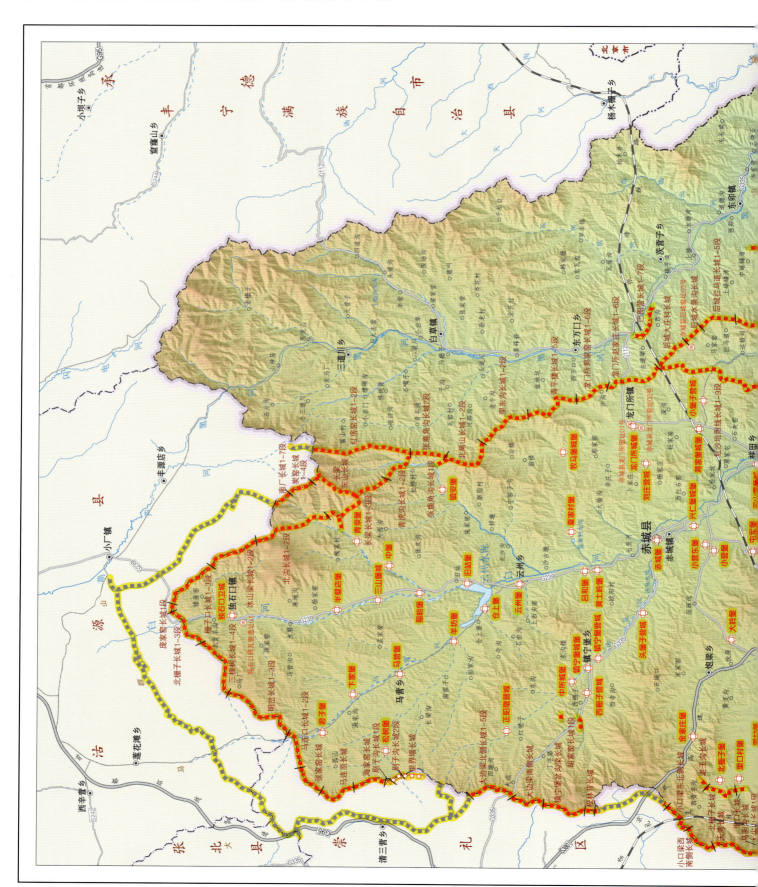

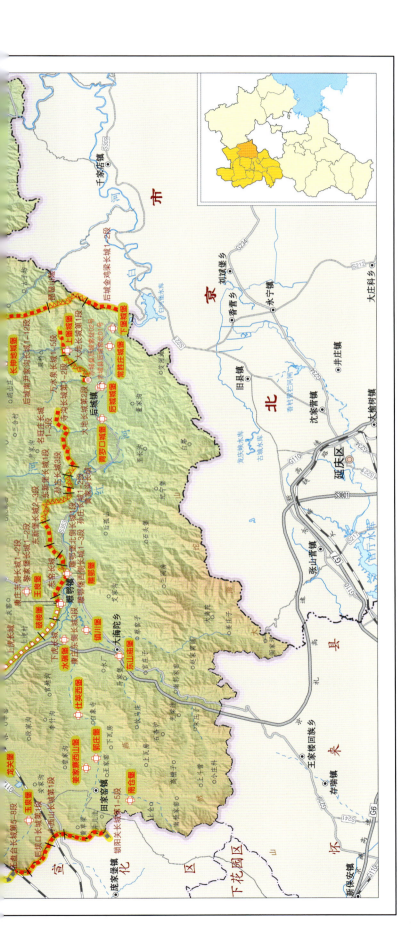

图　例

土墙
石墙
砖墙
消失墙体
山险
河险
山险墙
壕堑
其他墙体
关堡
烽火台
挡马墙
敌台
马面
水关（门）
砖瓦窑
碑碣
居住址
其他相关遗址、遗迹
省级行政中心
地级行政中心
县级行政中心
乡、镇
行政村
省级界
地级界
雄安新区界
县级界
铁路
G7　高速公路及编号
G207　国道及编号
S247　省道及编号
县道
水系及闸坝

比例尺　1：368 000

赤城县长城资源概况

赤城县调查长城墙体168段，总长308540米；单体建筑1296座，其中：敌台121座、马面50座、烽火台1125座；关堡61座；相关遗存6处。

图四 赤城县明长城敌台、马面分布图

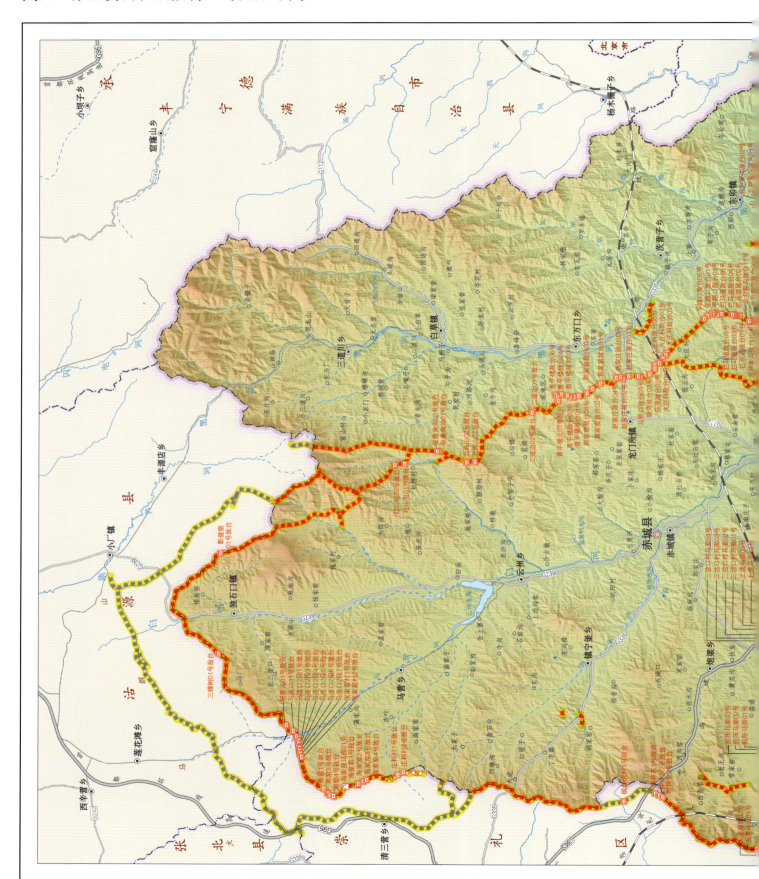

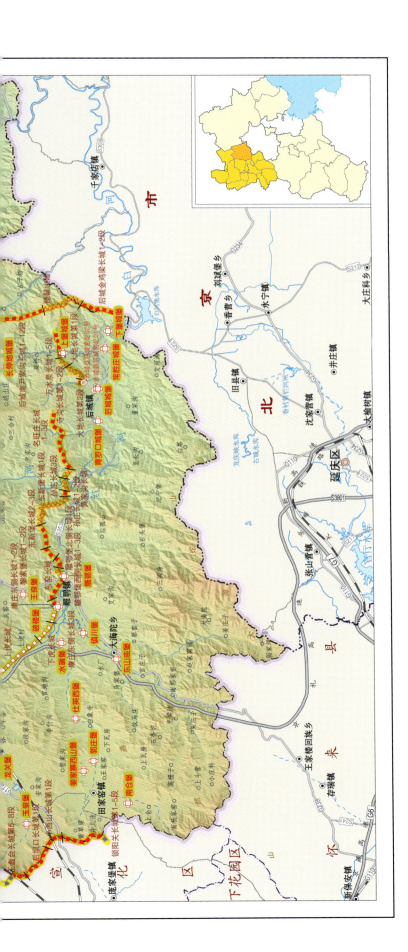

图 例

土墙
石墙
砖墙
消失墙体
山险
河险
山险墙
壕堑
其他墙体
关堡
烽火台
挡马墙
敌台
马面
水关（门）
砖瓦窑
碑碣
居住址
其他相关遗址、遗迹
省级行政中心
地级行政中心
县级行政中心
乡、镇
行政村
省级界
地级界
雄安新区界
县级界
铁路
G7 高速公路及编号
G207 国道及编号
S247 省道及编号
县道
水系及闸坝

比例尺　1∶368 000

赤城县长城资源概况

赤城县调查长城墙体168段，总长308540米；单体建筑1296座，其中：敌台121座、马面50座、烽火台1125座；关堡61座；相关遗存6处。

图四　赤城县明长城敌台、马面分布图

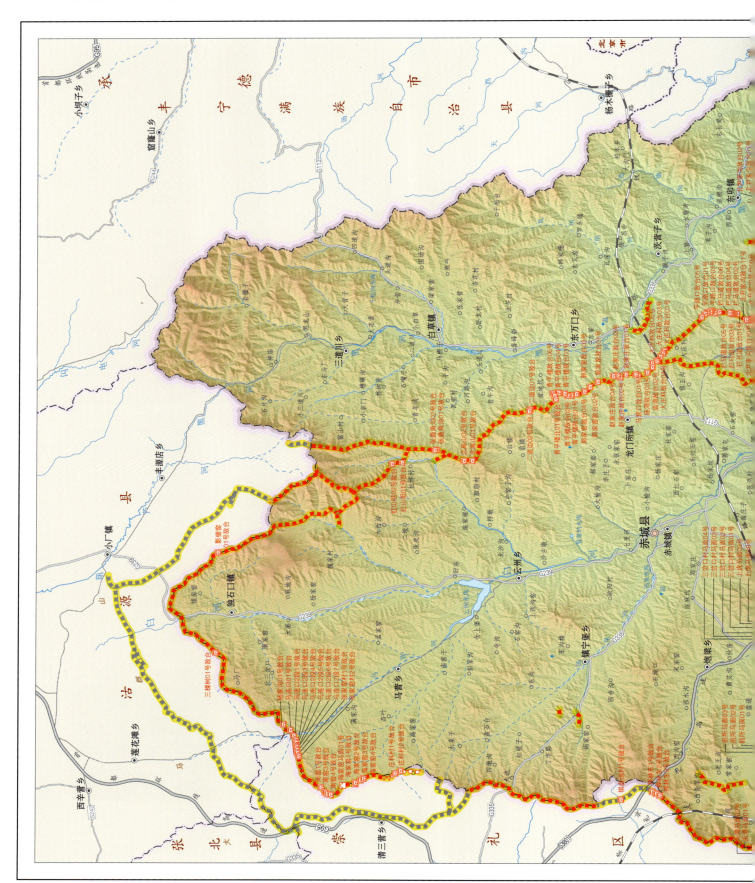

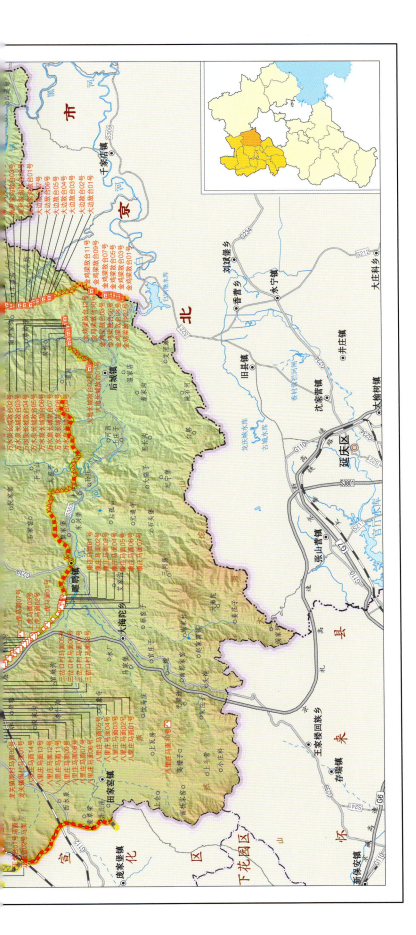

图　例

土墙	
石墙	
砖墙	
消失墙体	
山险	
河险	
山险墙	
壕堑	
其他墙体	
关堡	
烽火台	
挡马墙	
敌台	
马面	
水关（门）	
砖瓦窑	
碑碣	
居住址	
其他相关遗址、遗迹	
省级行政中心	
地级行政中心	
县级行政中心	
乡、镇	
行政村	
省级界	
地级界	
雄安新区界	
县级界	
铁路	
高速公路及编号	
国道及编号	
省道及编号	
县道	
水系及闸坝	

比例尺　1：368 000

赤城县长城资源概况

　　赤城县调查长城墙体168段，总长308540米；单体建筑1296座，其中：敌台121座、马面50座、烽火台1125座；关堡61座；相关遗存6处。

图五　赤城县明长城烽火台分布图

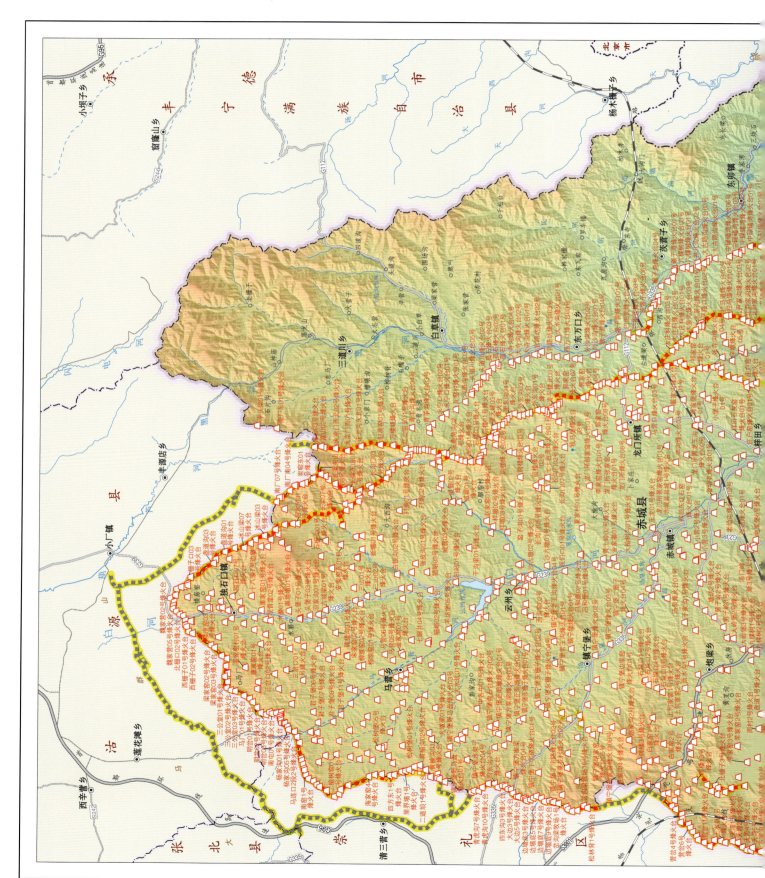

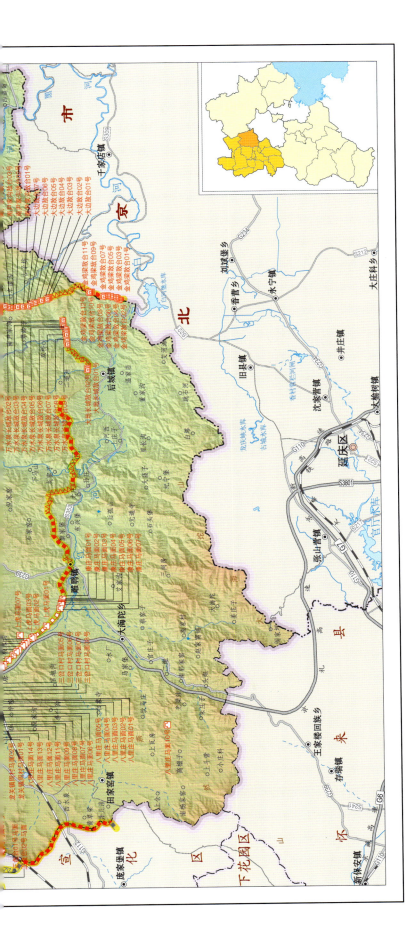

图　例

符号	名称
	土墙
	石墙
	砖墙
	消失墙体
	山险
	河险
	山险墙
	壕堑
	其他墙体
	关堡
	烽火台
	挡马墙
	敌台
	马面
	水关（门）
	砖瓦窑
	碑碣
	居住址
	其他相关遗址、遗迹
	省级行政中心
	地级行政中心
	县级行政中心
	乡、镇
	行政村
	省级界
	地级界
	雄安新区界
	县级界
	铁路
	高速公路及编号
	国道及编号
	省道及编号
	县道
	水系及闸坝

比例尺　1：368 000

赤城县长城资源概况

赤城县调查长城墙体168段，总长308540米；单体建筑1296座，其中：敌台121座、马面50座、烽火台1125座；关堡61座；相关遗存6处。

图五 赤城县明长城烽火台分布图

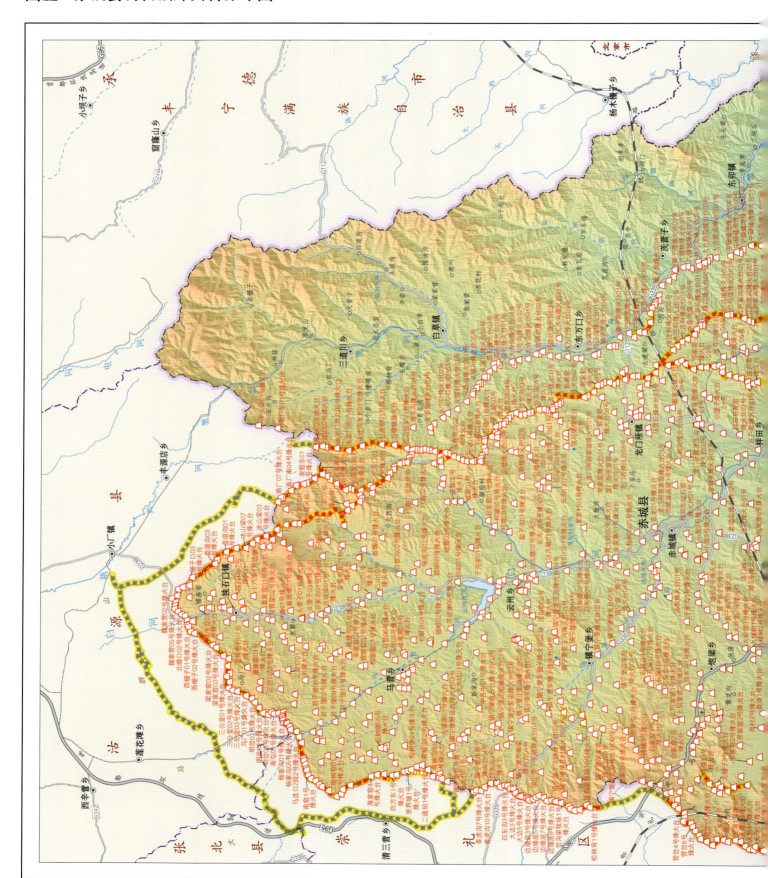

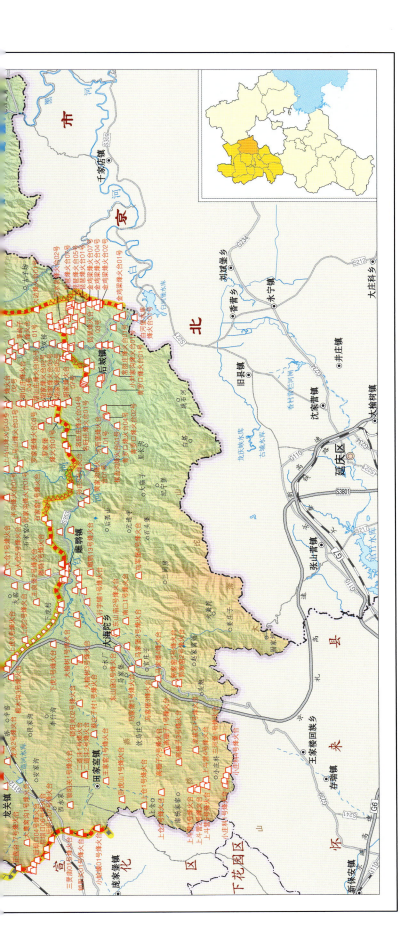

图　例

符号	名称
土墙	土墙
石墙	石墙
砖墙	砖墙
消失墙体	消失墙体
山险	山险
河险	河险
山险墙	山险墙
壕堑	壕堑
其他墙体	其他墙体
关堡	关堡
烽火台	烽火台
挡马墙	挡马墙
敌台	敌台
马面	马面
水关（门）	水关（门）
砖瓦窑	砖瓦窑
碑碣	碑碣
居住址	居住址
其他相关遗址、遗迹	其他相关遗址、遗迹
省级行政中心	省级行政中心
地级行政中心	地级行政中心
县级行政中心	县级行政中心
乡、镇	乡、镇
行政村	行政村
省级界	省级界
地级界	地级界
雄安新区界	雄安新区界
县级界	县级界
铁路	铁路
高速公路及编号	高速公路及编号
国道及编号	国道及编号
省道及编号	省道及编号
县道	县道
水系及闸坝	水系及闸坝

比例尺　1：368 000

赤城县长城资源概况

赤城县调查长城墙体168段，总长308540米；单体建筑1296座，其中：敌台121座、马面50座、烽火台1125座；关堡61座；相关遗存6处。

图六 沽源县明长城墙体、相关遗存分布图

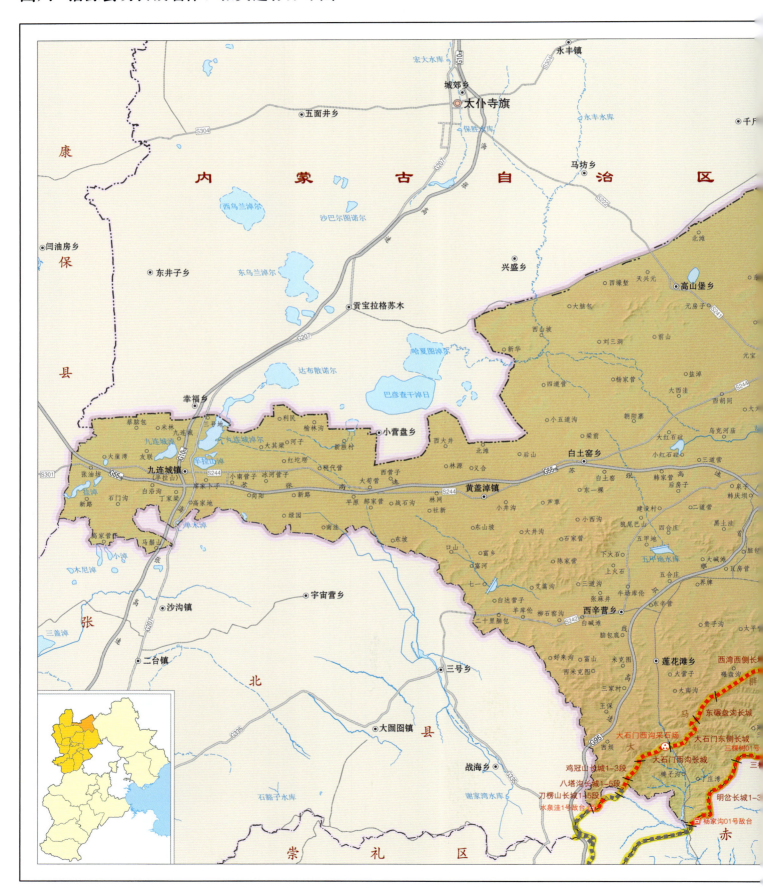

图 例

	土墙
	石墙
	砖墙
	消失墙体
	山险
	河险
	山险墙
	壕堑
	其他墙体
	关堡
	烽火台
	挡马墙
	敌台
	马面
	水关（门）
	砖瓦窑
	碑碣
	居住址
	其他相关遗址、遗迹
	省级行政中心
	地级行政中心
	县级行政中心
	乡、镇
	行政村
	省级界
	地级界
	雄安新区界
	县级界
	铁路
G7	高速公路及编号
G207	国道及编号
S247	省道及编号
	县道
	水系及闸坝

比例尺　1：334 000

沽源县长城资源概况

　　沽源县调查长城墙体38段，总长64909米，单体建筑烽火台170座，相关遗存1处。

图七　沽源县明长城单体建筑分布图

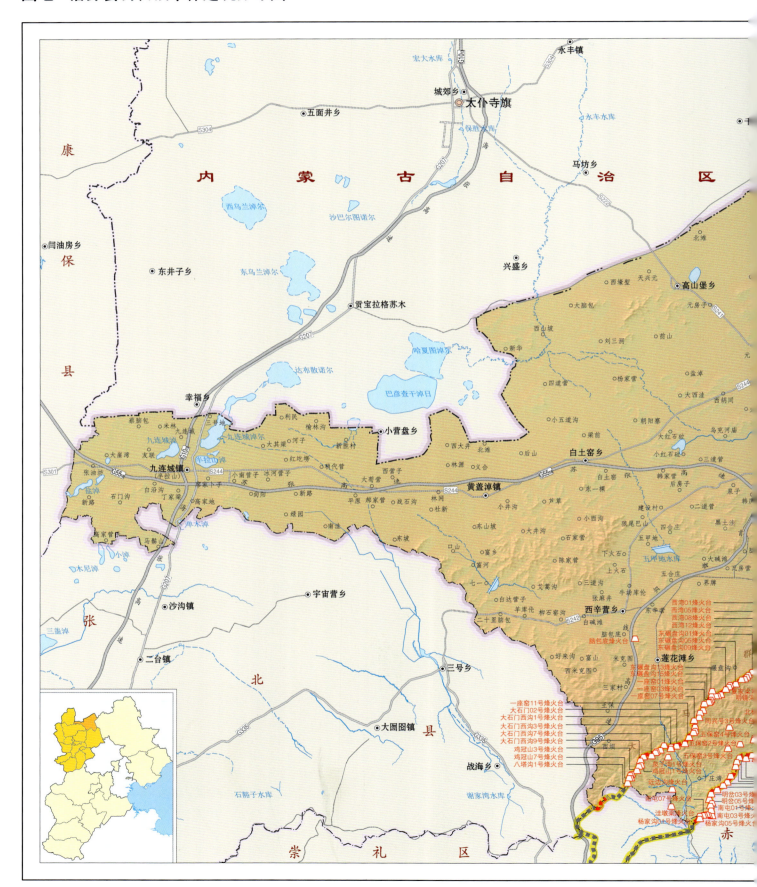

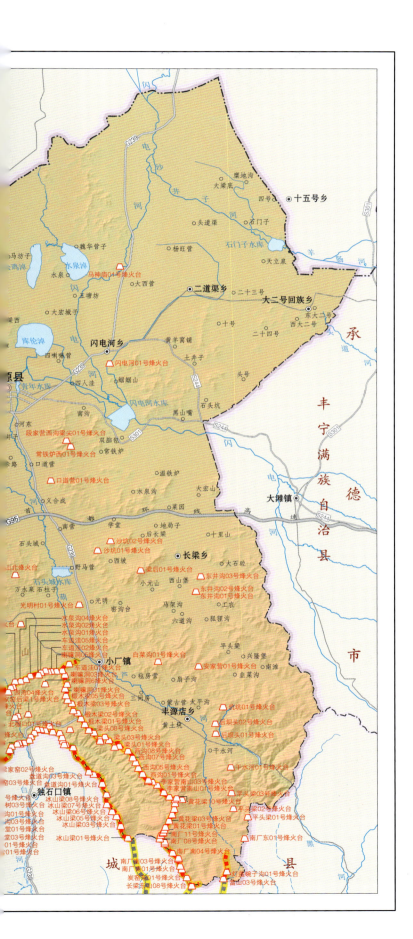

图 例

土墙	
石墙	
砖墙	
消失墙体	
山险	
河险	
山险墙	
壕堑	
其他墙体	
关堡	
烽火台	
挡马墙	
敌台	
马面	
水关（门）	
砖瓦窑	
碑碣	
居住址	
其他相关遗址、遗迹	
省级行政中心	
地级行政中心	
县级行政中心	
乡、镇	
行政村	
省级界	
地级界	
雄安新区界	
县级界	
铁路	
G7 高速公路及编号	
G207 国道及编号	
S247 省道及编号	
县道	
水系及闸坝	

比例尺　1：334 000

沽源县长城资源概况

　　沽源县调查长城墙体38段，总长64909米，单体建筑烽火台170座，相关遗存1处。

图八 崇礼区明长城墙体、关堡、敌台、马面、相关遗存分布图

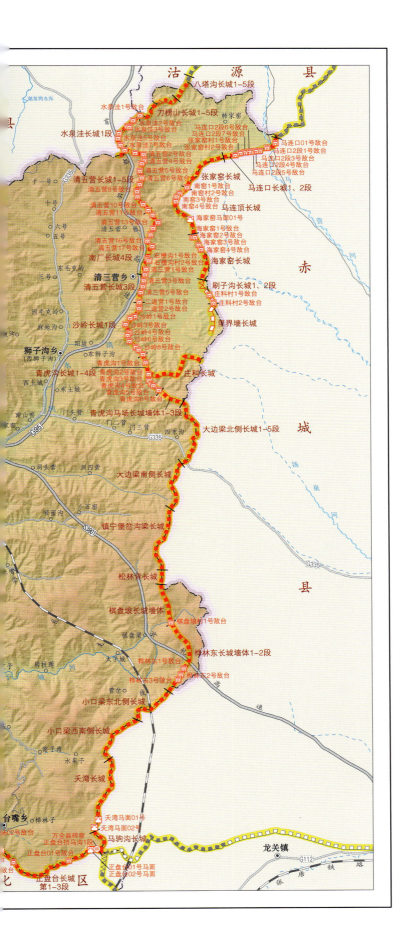

图 例

土墙	
石墙	
砖墙	
消失墙体	
山险	
河险	
山险墙	
壕堑	
其他墙体	
关堡	
烽火台	
挡马墙	
敌台	
马面	
水关（门）	
砖瓦窑	
碑碣	
居住址	
其他相关遗址、遗迹	
省级行政中心	
地级行政中心	
县级行政中心	
乡、镇	
行政村	
省级界	
地级界	
雄安新区界	
县级界	
铁路	
高速公路及编号	G7
国道及编号	G207
省道及编号	S247
县道	
水系及闸坝	

比例尺　1：245 000

崇礼区长城资源概况

　　崇礼区调查长城墙体22段，总长51252米；单体建筑80座，其中：敌台49座，烽火台31座。

图九　崇礼区明长城烽火台分布图

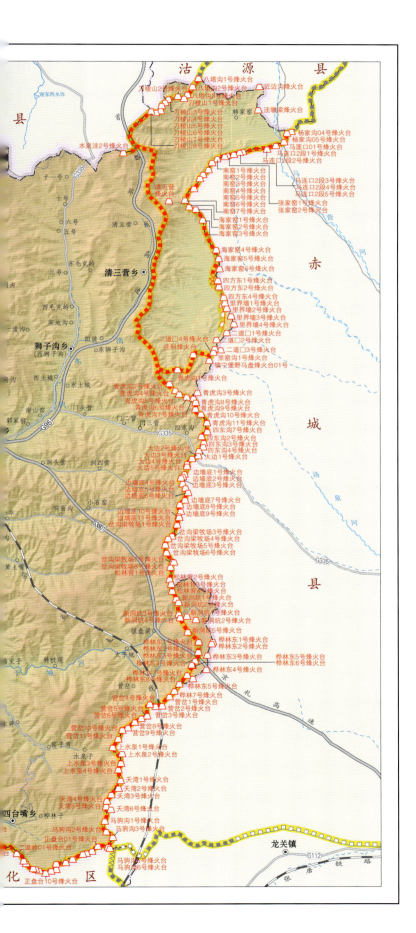

图 例

土墙	
石墙	
砖墙	
消失墙体	
山险	
河险	
山险墙	
壕堑	
其他墙体	
关堡	
烽火台	
挡马墙	
敌台	
马面	
水关（门）	
砖瓦窑	
碑碣	
居住址	
其他相关遗址、遗迹	
省级行政中心	
地级行政中心	
县级行政中心	
乡、镇	
行政村	
省级界	
地级界	
雄安新区界	
县级界	
铁路	
高速公路及编号	
国道及编号	
省道及编号	
县道	
水系及闸坝	

比例尺　1：245 000

崇礼区长城资源概况

崇礼区调查长城墙体22段，总长51252米；单体建筑80座，其中：敌台49座，烽火台31座。

图一〇 宣化区明长城墙体、关堡、敌台、马面分布图

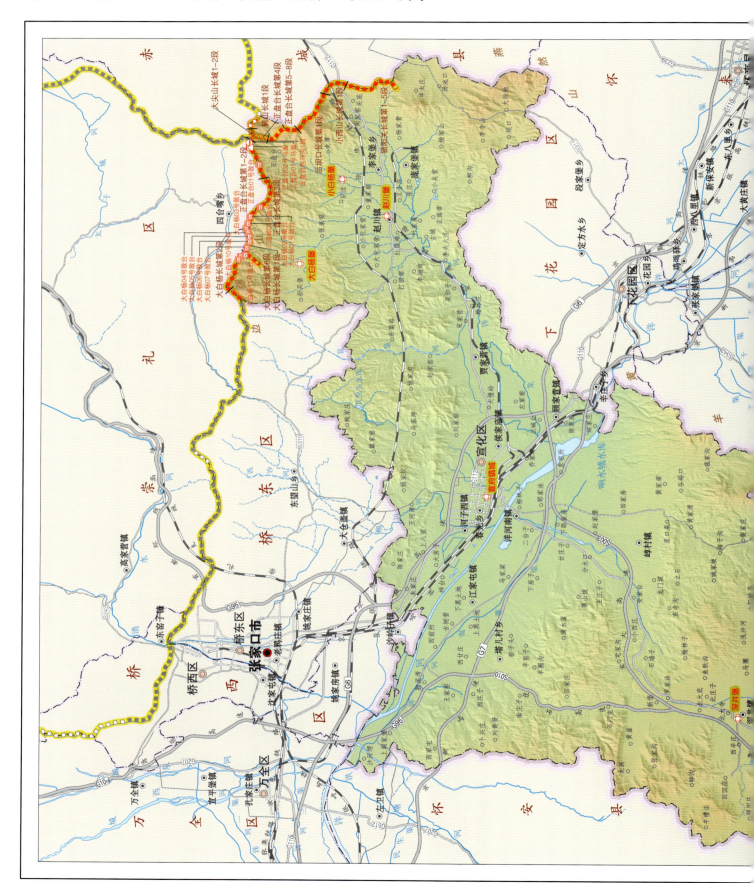

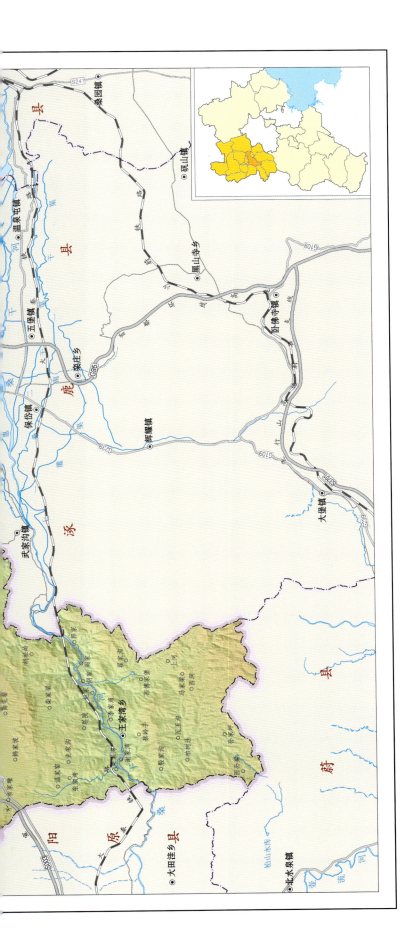

图　例

	土墙
	石墙
	砖墙
	消失墙体
	山险
	河险
	山险墙
	壕堑
	其他墙体
	关堡
	烽火台
	挡马墙
	敌台
	马面
	水关（门）
	砖瓦窑
	碑碣
	居住址
	其他相关遗址、遗迹
	省级行政中心
	地级行政中心
	县级行政中心
	乡、镇
	行政村
	省级界
	地级界
	雄安新区界
	县级界
	铁路
G7	高速公路及编号
G207	国道及编号
S247	省道及编号
	县道
	水系及闸坝

比例尺　1：301 000

宣化区长城资源概况

　　宣化区调查长城墙体18段，总长33900米；单体建筑106座，其中：敌台12座、马面2座、烽火台92座；关堡6座；相关遗存1处。

图十一 宣化区明长城烽火台分布图

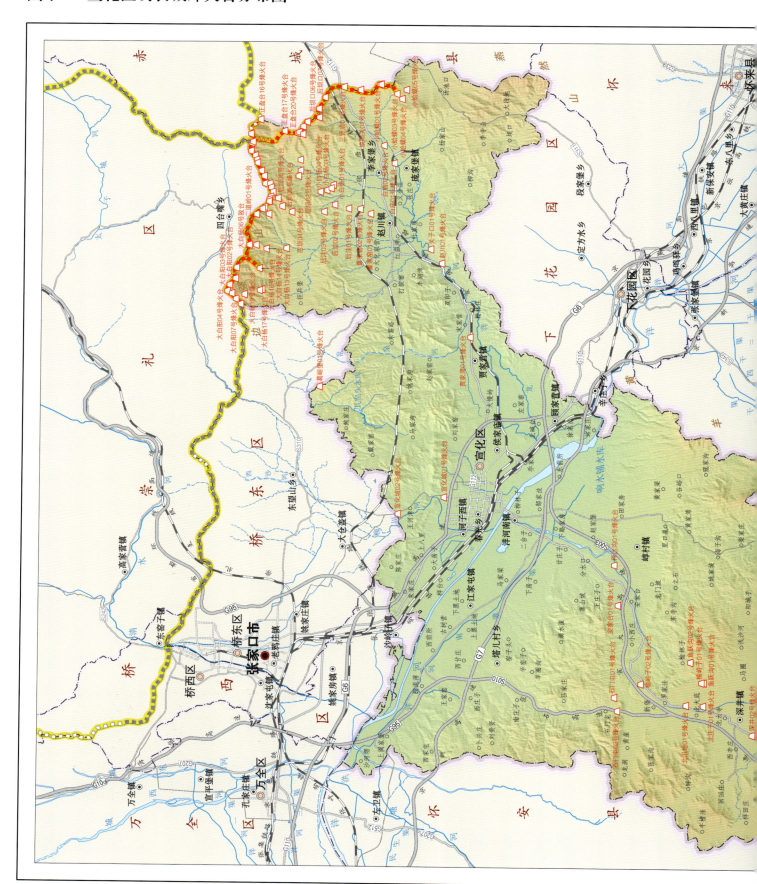

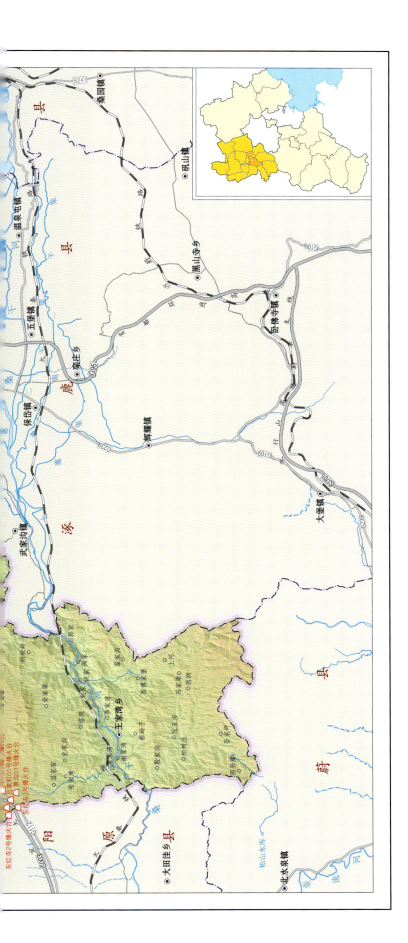

图 例

土墙	
石墙	
砖墙	
消失墙体	
山险	
河险	
山险墙	
壕堑	
其他墙体	
关堡	
烽火台	
挡马墙	
敌台	
马面	
水关（门）	
砖瓦窑	
碑碣	
居住址	
其他相关遗址、遗迹	
省级行政中心	
地级行政中心	
县级行政中心	
乡、镇	
行政村	
省级界	
地级界	
雄安新区界	
县级界	
铁路	
高速公路及编号	G7
国道及编号	G207
省道及编号	S247
县道	
水系及闸坝	

比例尺　1：301 000

宣化区长城资源概况

　　宣化区调查长城墙体18段，总长33900米；单体建筑106座，其中：敌台12座、马面2座、烽火台92座；关堡6座；相关遗存1处。

图十二 桥东区明长城墙体、关堡、相关遗存分布图

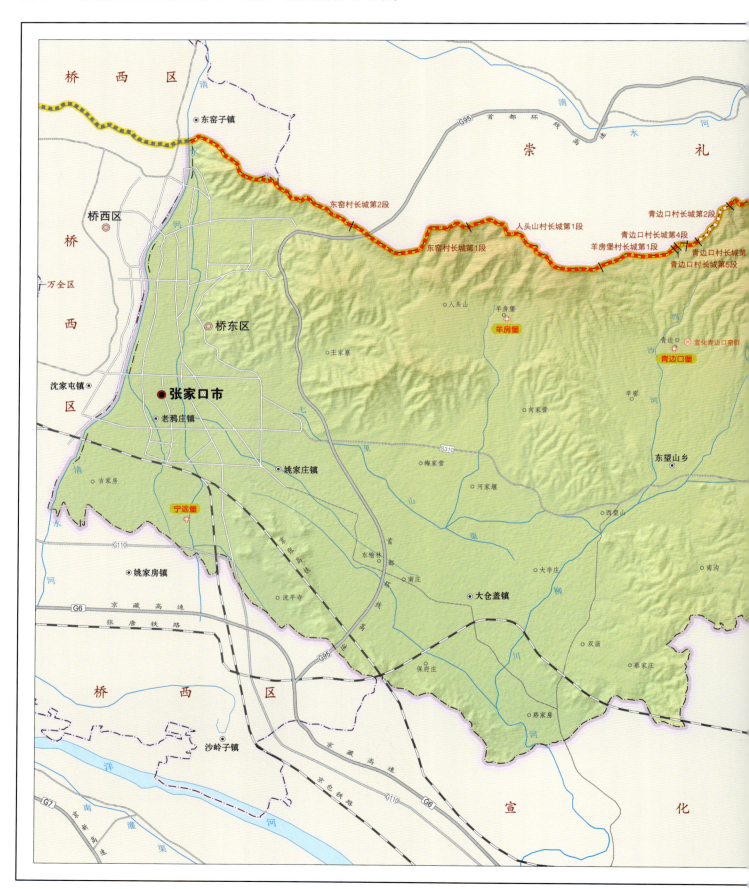

图 例

符号	名称
土墙	
石墙	
砖墙	
消失墙体	
山险	
河险	
山险墙	
壕堑	
其他墙体	
关堡	
烽火台	
挡马墙	
敌台	
马面	
水关（门）	
砖瓦窑	
碑碣	
居住址	
其他相关遗址、遗迹	
省级行政中心	
地级行政中心	
县级行政中心	
乡、镇	
行政村	
省级界	
地级界	
雄安新区界	
县级界	
铁路	
高速公路及编号	
国道及编号	
省道及编号	
县道	
水系及闸坝	

比例尺　1：112 000

桥东区长城资源概况

　　桥东区调查长城墙体27段，总长40903米；单体建筑122座，其中：敌台57座、烽火台65座；关堡5座；相关遗存1处。

图十三 桥东区明长城单体建筑分布图

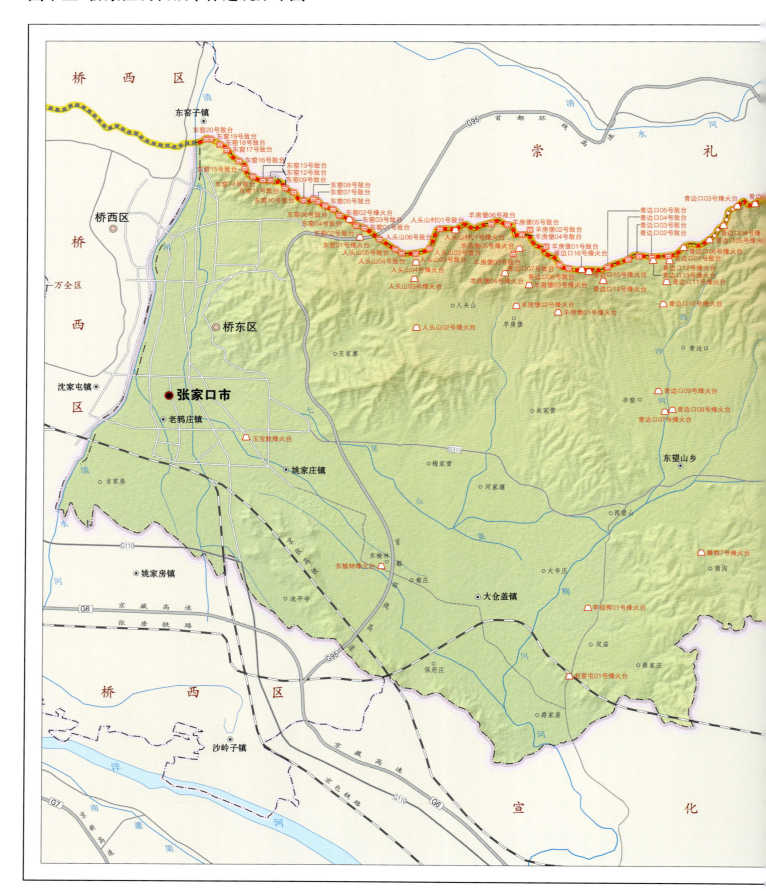

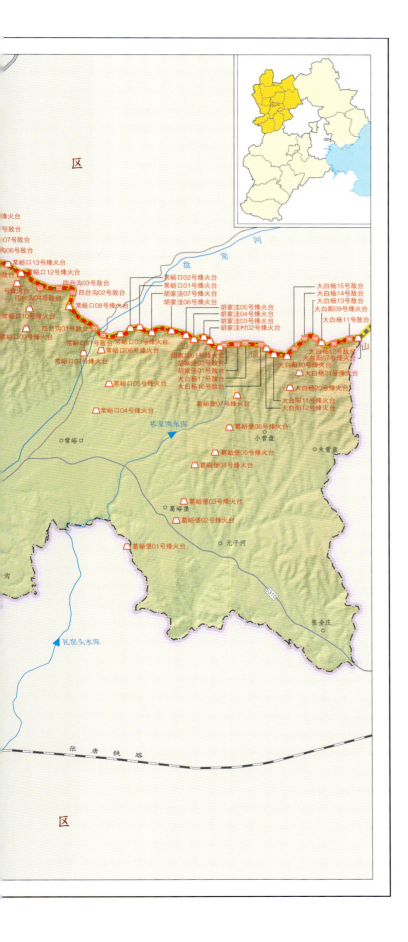

图例

符号	名称
	土墙
	石墙
	砖墙
	消失墙体
	山险
	河险
	山险墙
	壕堑
	其他墙体
	关堡
	烽火台
	挡马墙
	敌台
	马面
	水关（门）
	砖瓦窑
	碑碣
	居住址
	其他相关遗址、遗迹
	省级行政中心
	地级行政中心
	县级行政中心
	乡、镇
	行政村
	省级界
	地级界
	雄安新区界
	县级界
	铁路
G7	高速公路及编号
G207	国道及编号
S247	省道及编号
	县道
	水系及闸坝

比例尺　1∶112 000

桥东区长城资源概况

　　桥东区调查长城墙体27段，总长40903米；单体建筑122座，其中：敌台57座、烽火台65座；关堡5座；相关遗存1处。

图十四 桥西区明长城墙体、关堡、相关遗存分布图

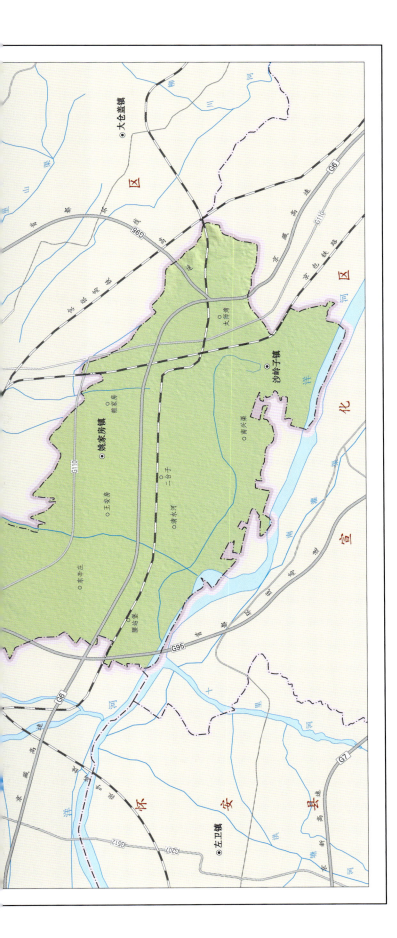

图　例

⊓⊓⊓⊓⊓⊓⊓	土墙
▪▪▪▪▪▪▪	石墙
〜〜〜〜〜〜	砖墙
⊔⊔⊔⊔⊔⊔	消失墙体
ΛΛΛΛΛΛΛ	山险
⌒⌒⌒⌒⌒⌒	河险
⋏⋏⋏⋏⋏⋏	山险墙
▲▲▲▲▲▲	壕堑
⋯⋯⋯⋯⋯	其他墙体
⌑	关堡
△	烽火台
⊓	挡马墙
▣	敌台
⊡	马面
⊟	水关（门）
⊞	砖瓦窑
⊙	碑碣
⊡	居住址
⊡	其他相关遗址、遗迹
◉	省级行政中心
●	地级行政中心
◎	县级行政中心
⊙	乡、镇
○	行政村
—·—·—	省级界
—··—··	地级界
— — —	雄安新区界
—·—·—	县级界
▬▬▬▬	铁路
══G7══	高速公路及编号
══G207══	国道及编号
──S247──	省道及编号
───────	县道
〜✕〜	水系及闸坝

比例尺　1：115 000

桥西区长城资源概况

　　桥西区调查长城墙体10段，总长22588米；单体建筑76座，其中：敌台37座、烽火台39座；关堡3座；相关遗存1处。

图十五 桥西区明长城单体建筑分布图

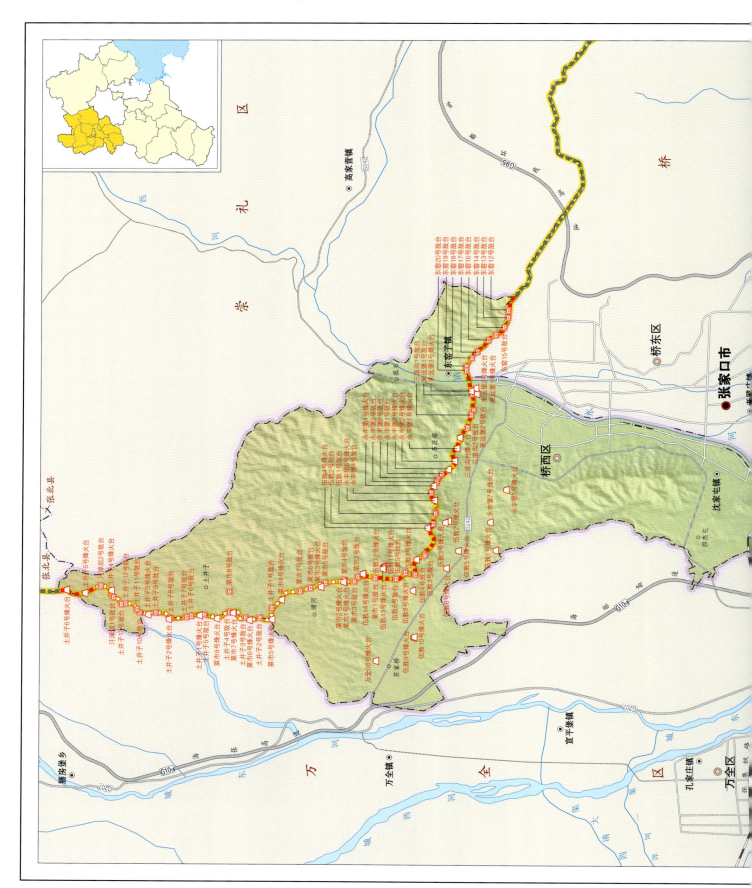

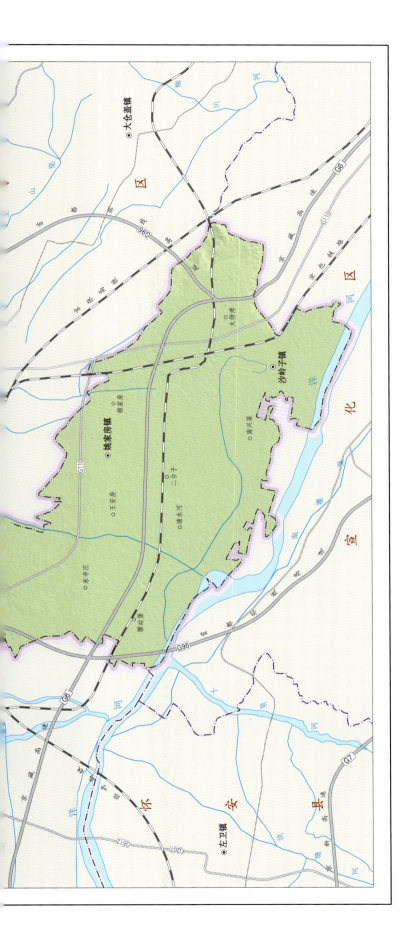

图　例

土墙	
石墙	
砖墙	
消失墙体	
山险	
河险	
山险墙	
壕堑	
其他墙体	
关堡	
烽火台	
挡马墙	
敌台	
马面	
水关（门）	
砖瓦窑	
碑碣	
居住址	
其他相关遗址、遗迹	
省级行政中心	
地级行政中心	
县级行政中心	
乡、镇	
行政村	
省级界	
地级界	
雄安新区界	
县级界	
铁路	
高速公路及编号	
国道及编号	
省道及编号	
县道	
水系及闸坝	

比例尺　1：115 000

桥西区长城资源概况

　　桥西区调查长城墙体10段，总长22588米；单体建筑76座，其中：敌台37座、烽火台39座；关堡3座；相关遗存1处。

图十六 万全区明长城墙体、关堡、相关遗存分布图

图例

	土墙
	石墙
	砖墙
	消失墙体
	山险
	河险
	山险墙
	壕堑
	其他墙体
	关堡
	烽火台
	挡马墙
	敌台
	马面
	水关（门）
	砖瓦窑
	碑碣
	居住址
	其他相关遗址、遗迹
	省级行政中心
	地级行政中心
	县级行政中心
	乡、镇
	行政村
	省级界
	地级界
	雄安新区界
	县级界
	铁路
G7	高速公路及编号
G207	国道及编号
S247	省道及编号
	县道
	水系及闸坝

比例尺　1：165 000

万全区长城资源概况

万全区调查长城墙体32段，总长70652米；单体建筑262座，其中：敌台24座、马面6座、烽火台232座；关堡7座；相关遗存8处。

图十七 万全区明长城烽火台分布图

图 例

符号	名称
	土墙
	石墙
	砖墙
	消失墙体
	山险
	河险
	山险墙
	壕堑
	其他墙体
	关堡
	烽火台
	挡马墙
	敌台
	马面
	水关（门）
	砖瓦窑
	碑碣
	居住址
	其他相关遗址、遗迹
	省级行政中心
	地级行政中心
	县级行政中心
	乡、镇
	行政村
	省级界
	地级界
	雄安新区界
	县级界
	铁路
G7	高速公路及编号
G207	国道及编号
S247	省道及编号
	县道
	水系及闸坝

比例尺　1：165 000

万全区长城资源概况

　　万全区调查长城墙体32段，总长70652米；单体建筑262座，其中：敌台24座、马面6座、烽火台232座；关堡7座；相关遗存8处。

图十八 尚义县明长城烽火台分布图

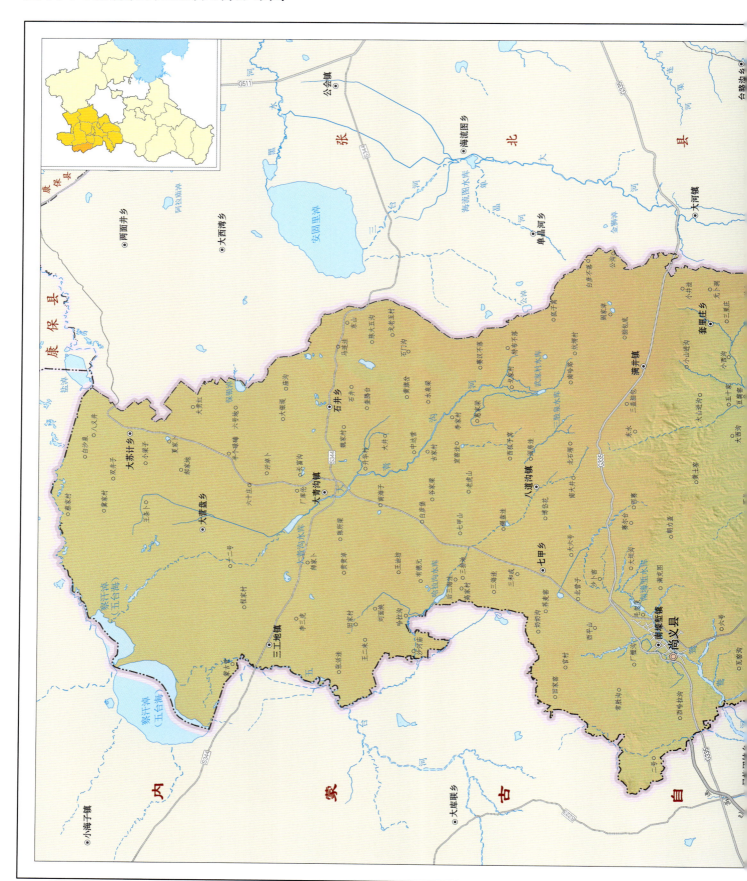

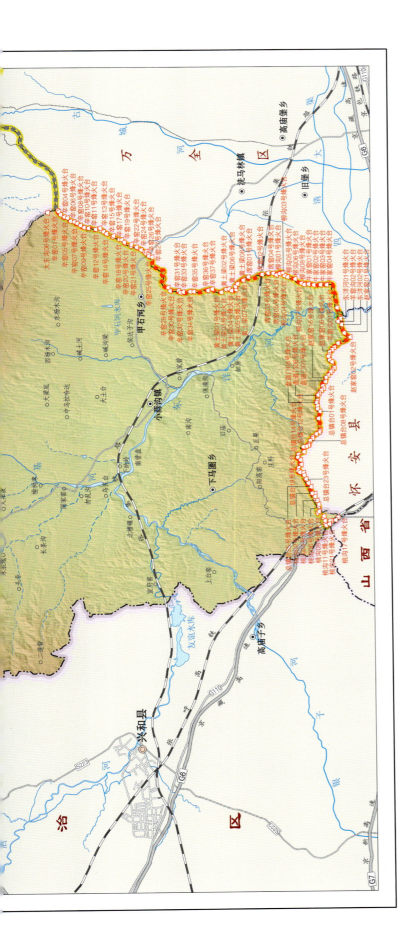

图　例

土墙	
石墙	
砖墙	
消失墙体	
山险	
河险	
山险墙	
壕堑	
其他墙体	
关堡	
烽火台	
挡马墙	
敌台	
马面	
水关（门）	
砖瓦窑	
碑碣	
居住址	
其他相关遗址、遗迹	
省级行政中心	
地级行政中心	
县级行政中心	
乡、镇	
行政村	
省级界	
地级界	
雄安新区界	
县级界	
铁路	
高速公路及编号	
国道及编号	
省道及编号	
县道	
水系及闸坝	

比例尺　1：290 000

尚义县长城资源概况

尚义县调查长城墙体1段，总长2200米。

图十九 尚义县明长城墙体、敌台、马面分布图

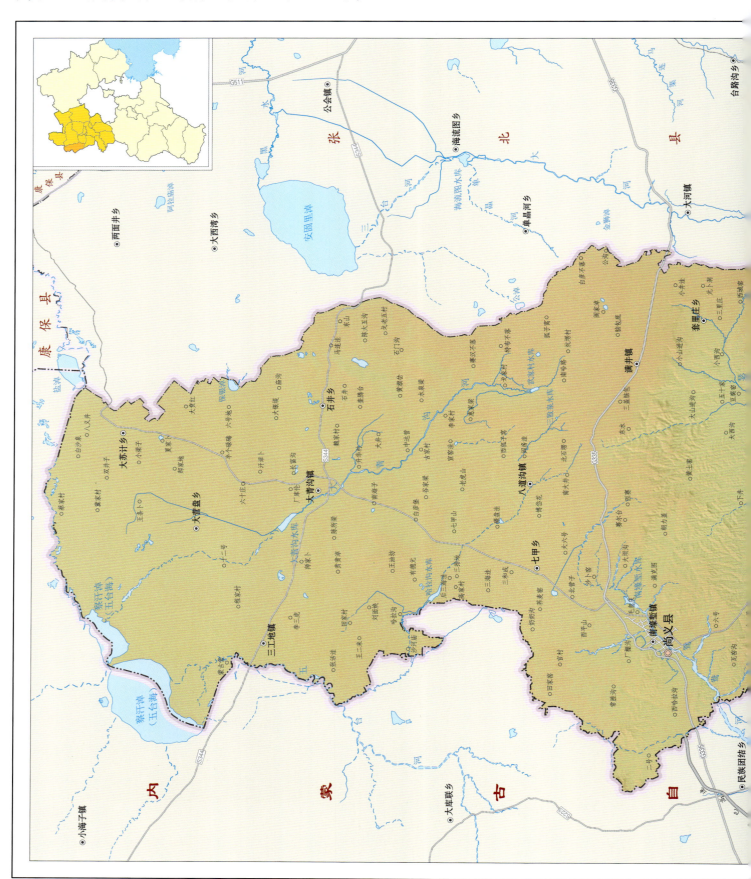

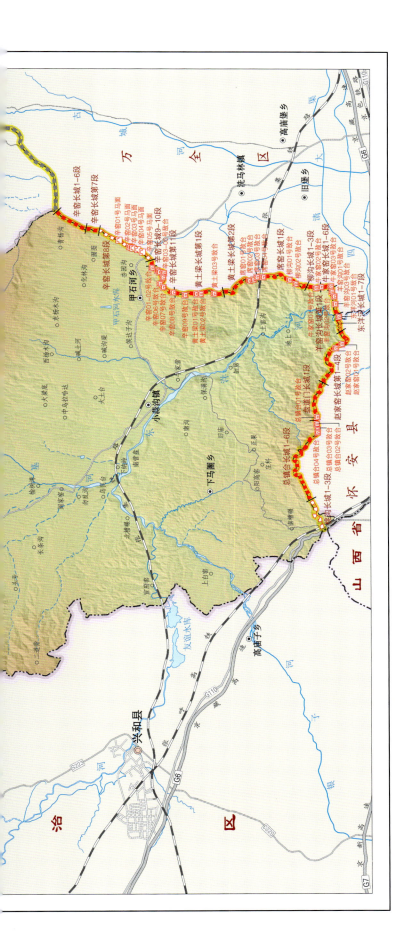

图　例

土墙
石墙
砖墙
消失墙体
山险
河险
山险墙
壕堑
其他墙体
关堡
烽火台
挡马墙
敌台
马面
水关（门）
砖瓦窑
碑碣
居住址
其他相关遗址、遗迹
省级行政中心
地级行政中心
县级行政中心
乡、镇
行政村
省级界
地级界
雄安新区界
县级界
铁路
G7　高速公路及编号
G207　国道及编号
S247　省道及编号
县道
水系及闸坝

比例尺　1：290 000

尚义县长城资源概况

尚义县调查长城墙体1段，总长2200米。

图二十 怀安县明长城墙体、关堡、相关遗存分布图

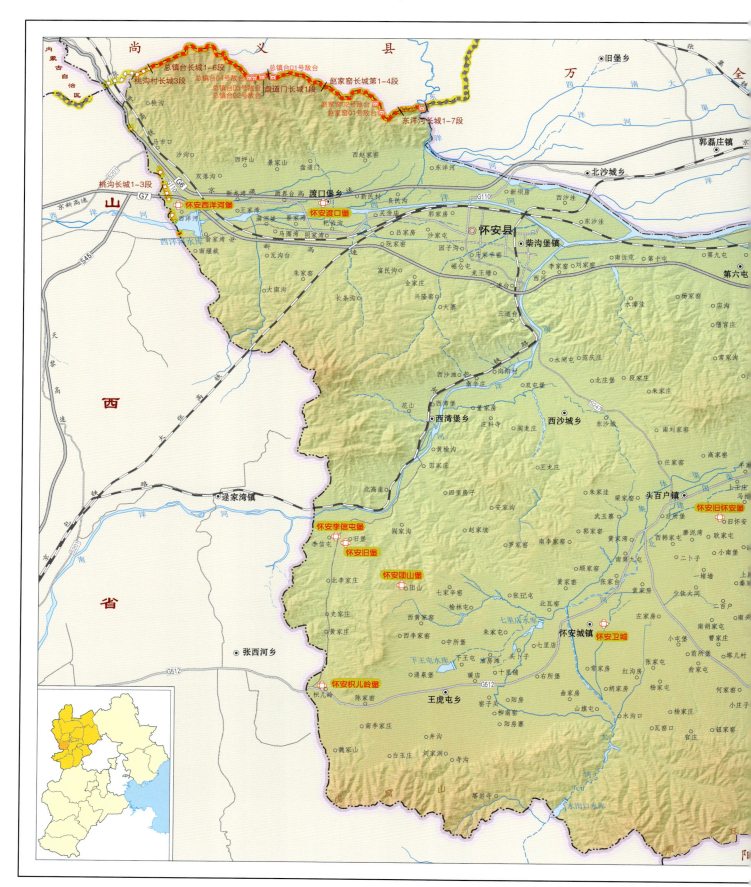

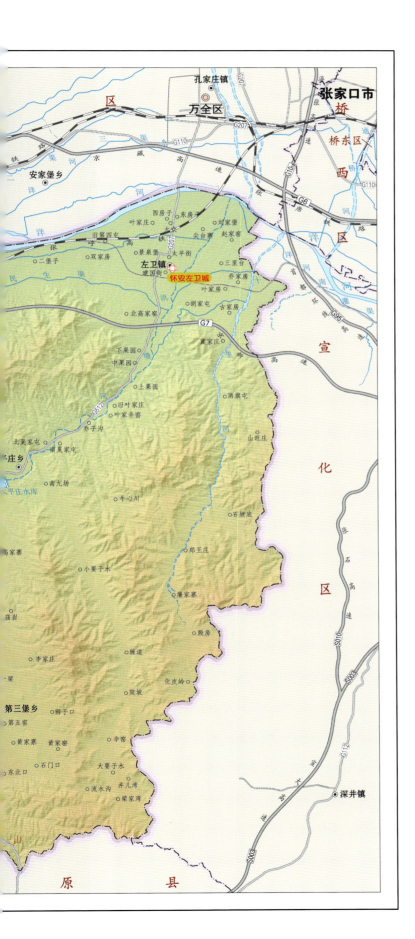

图　例

	土墙
	石墙
	砖墙
	消失墙体
	山险
	河险
	山险墙
	壕堑
	其他墙体
	关堡
	烽火台
	挡马墙
	敌台
	马面
	水关（门）
	砖瓦窑
	碑碣
	居住址
	其他相关遗址、遗迹
	省级行政中心
	地级行政中心
	县级行政中心
	乡、镇
	行政村
	省级界
	地级界
	雄安新区界
	县级界
	铁路
G7	高速公路及编号
G207	国道及编号
S247	省道及编号
	县道
	水系及闸坝

比例尺　　1∶202 000

怀安县长城资源概况

怀安县调查长城墙体21段，总长32366米；单体建筑194座，其中：敌台7座、烽火台187座；关堡9座。

图二十一　怀安县明长城单体建筑分布图

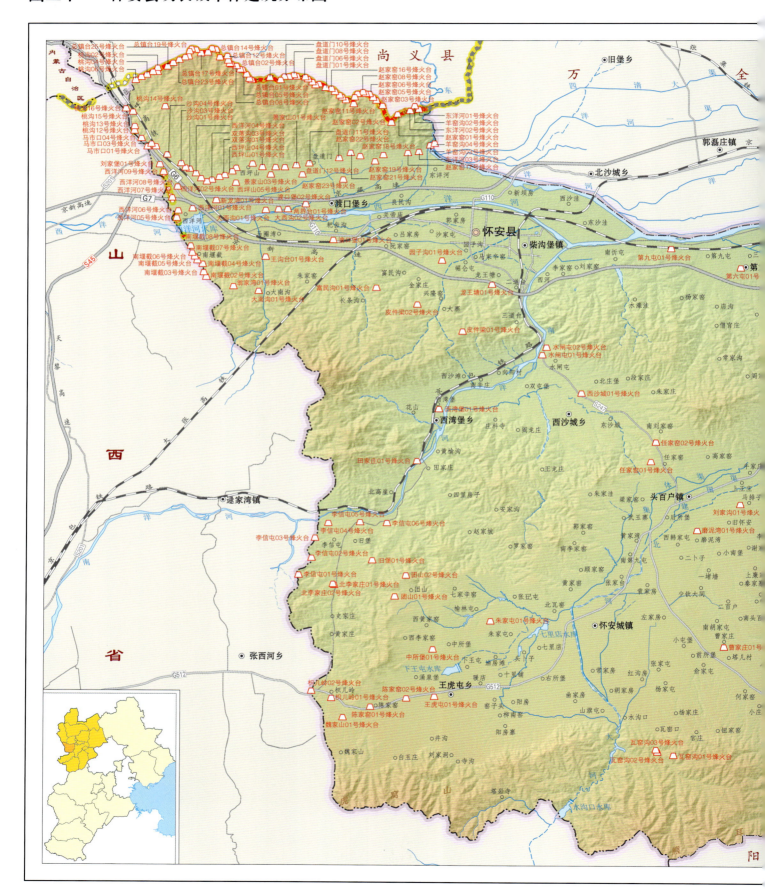

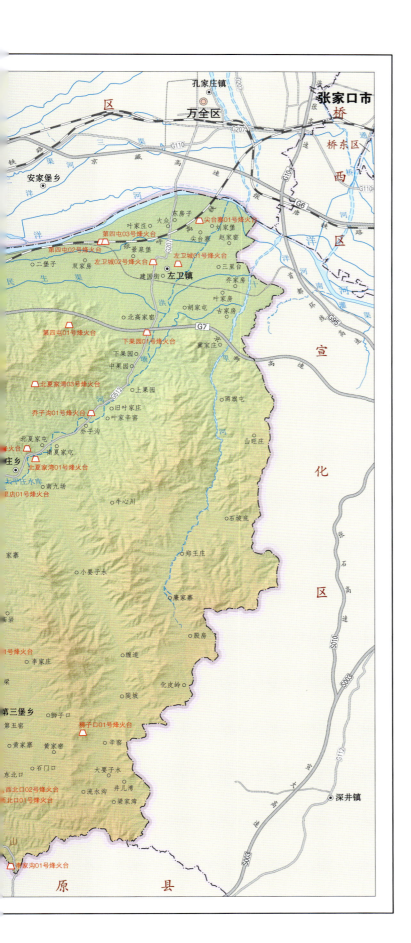

图　例

	土墙
	石墙
	砖墙
	消失墙体
	山险
	河险
	山险墙
	壕堑
	其他墙体
	关堡
	烽火台
	挡马墙
	敌台
	马面
	水关（门）
	砖瓦窑
	碑碣
	居住址
	其他相关遗址、遗迹
	省级行政中心
	地级行政中心
	县级行政中心
	乡、镇
	行政村
	省级界
	地级界
	雄安新区界
	县级界
	铁路
G7	高速公路及编号
G207	国道及编号
S247	省道及编号
	县道
	水系及闸坝

比例尺　1∶202 000

怀安县长城资源概况

　　怀安县调查长城墙体21段，总长32366米；单体建筑194座，其中：敌台7座、烽火台187座；关堡9座。

图二十二　怀来县明长城墙体、关堡、敌台分布图

图 例

符号	名称
	土墙
	石墙
	砖墙
	消失墙体
	山险
	河险
	山险墙
	壕堑
	其他墙体
	关堡
	烽火台
	挡马墙
	敌台
	马面
	水关（门）
	砖瓦窑
	碑碣
	居住址
	其他相关遗址、遗迹
	省级行政中心
	地级行政中心
	县级行政中心
	乡、镇
	行政村
	省级界
	地级界
	雄安新区界
	县级界
	铁路
G7	高速公路及编号
G207	国道及编号
S247	省道及编号
	县道
	水系及闸坝

比例尺　1：246 000

怀来县长城资源概况

　　怀来县调查长城墙体17段，总长46293米；单体建筑411座，其中：敌台149座、马面53座、烽火台209座；关堡20座；相关道存1处。

图二十三　怀来县明长城烽火台、马面分布图

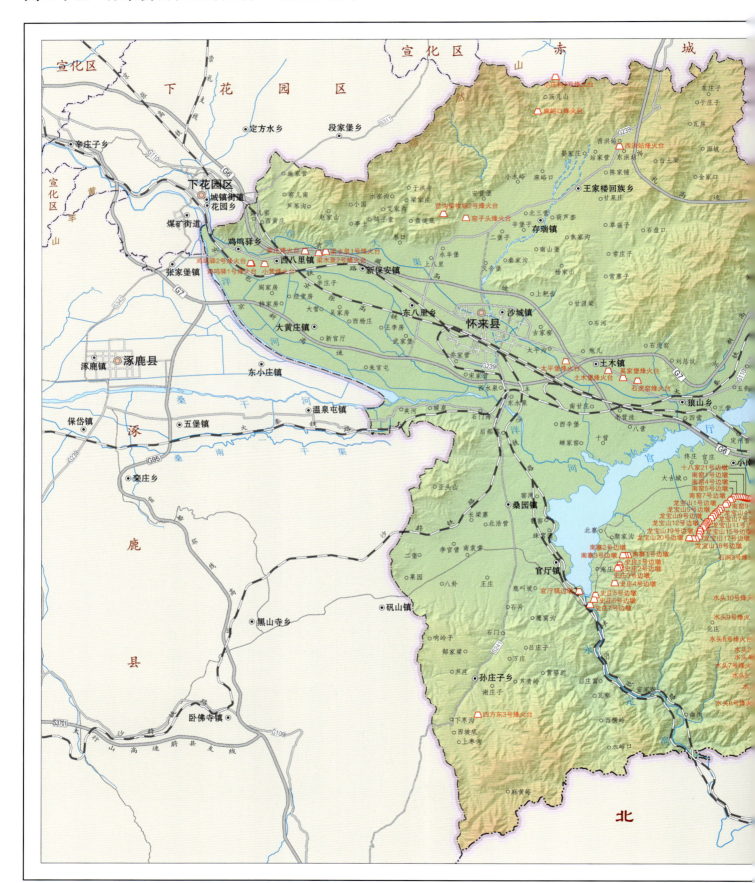

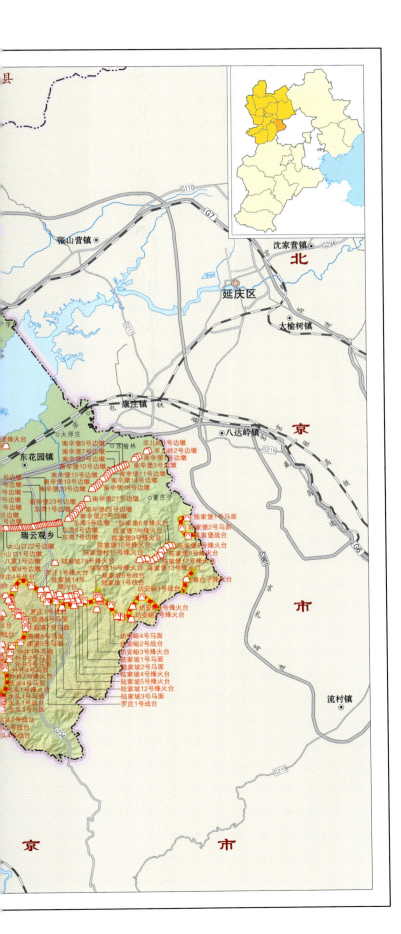

图 例

土墙	
石墙	
砖墙	
消失墙体	
山险	
河险	
山险墙	
壕堑	
其他墙体	
关堡	
烽火台	
挡马墙	
敌台	
马面	
水关（门）	
砖瓦窑	
碑碣	
居住址	
其他相关遗址、遗迹	
省级行政中心	
地级行政中心	
县级行政中心	
乡、镇	
行政村	
省级界	
地级界	
雄安新区界	
县级界	
铁路	
G7	高速公路及编号
G207	国道及编号
S247	省道及编号
县道	
水系及闸坝	

比例尺　1∶246 000

怀来县长城资源概况

怀来县调查长城墙体17段，总长46293米；单体建筑411座，其中：敌台149座、马面53座、烽火台209座；关堡20座；相关遗存1处。

图二十四 下花园区明长城资源分布图

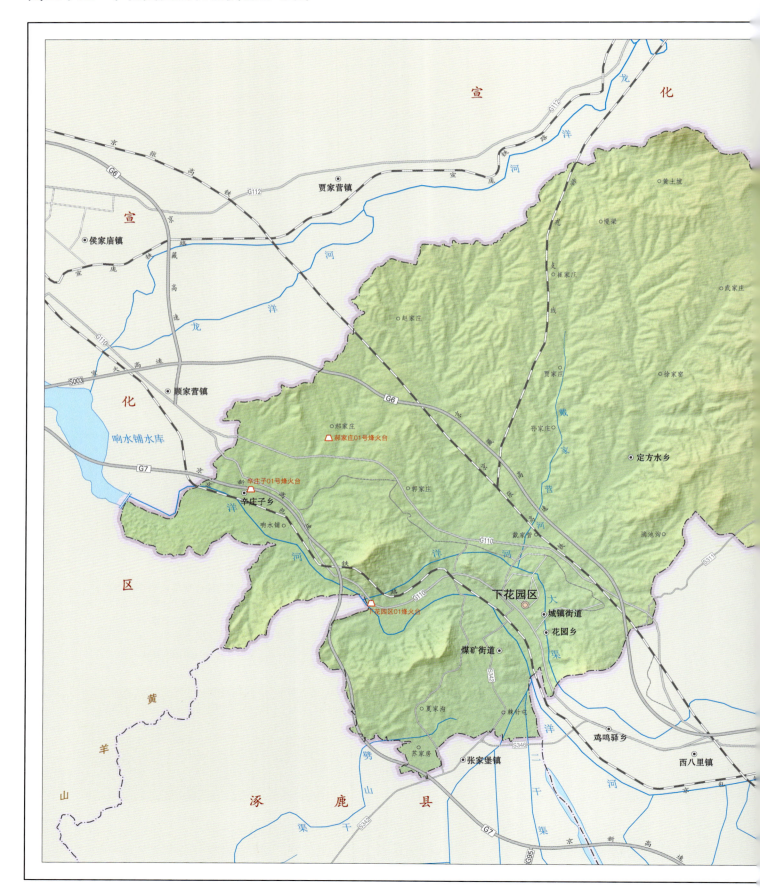

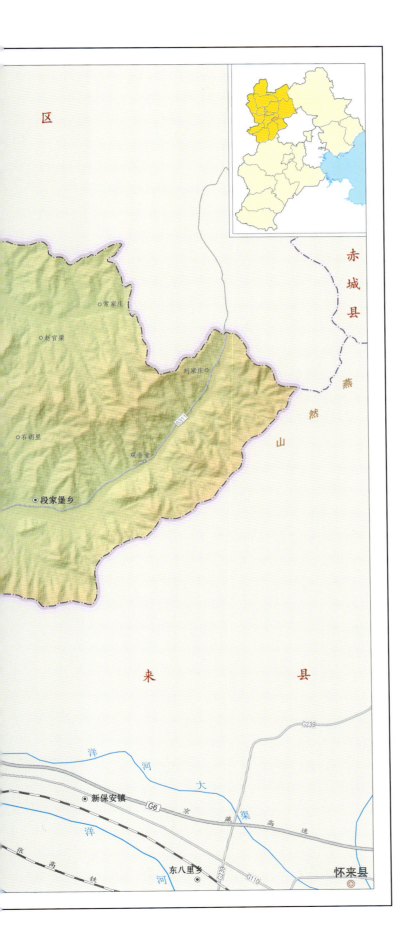

比例尺　1：110 000

图　例

	土墙
	石墙
	砖墙
	消失墙体
	山险
	河险
	山险墙
	壕堑
	其他墙体
	关堡
	烽火台
	挡马墙
	敌台
	马面
	水关（门）
	砖瓦窑
	碑碣
	居住址
	其他相关遗址、遗迹
	省级行政中心
	地级行政中心
	县级行政中心
	乡、镇
	行政村
	省级界
	地级界
	雄安新区界
	县级界
	铁路
	高速公路及编号
	国道及编号
	省道及编号
	县道
	水系及闸坝

下花园区长城资源概况

下花园区调查长城单体建筑烽火台3座。

图二十五　涿鹿县明长城资源分布图

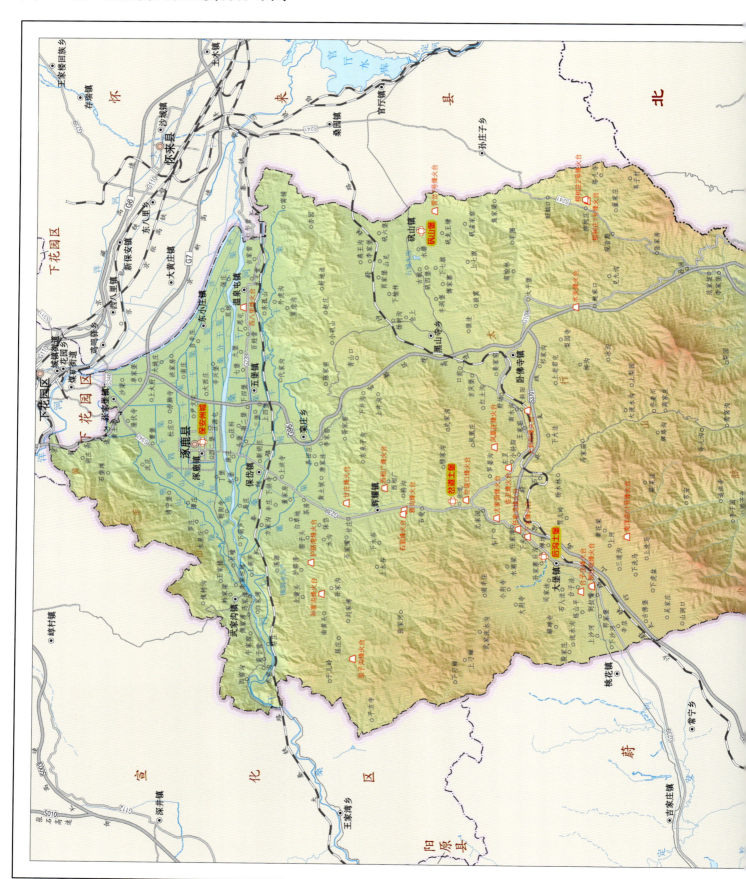

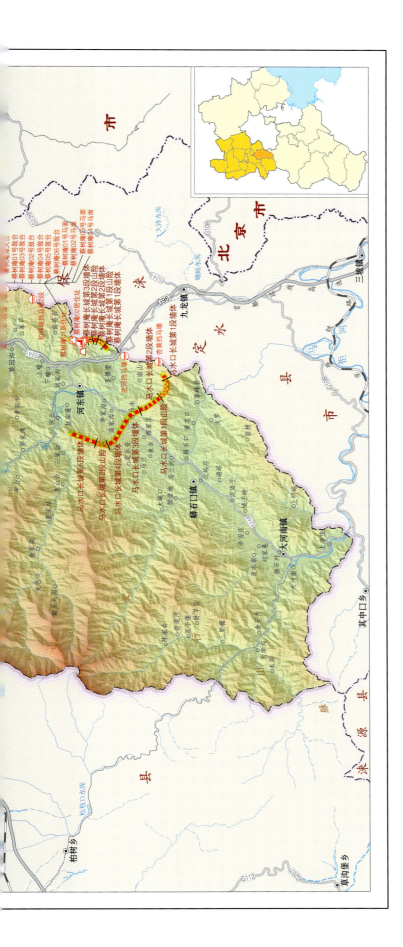

图　例

土墙
石墙
砖墙
消失墙体
山险
河险
山险墙
壕堑
其他墙体
关堡
烽火台
挡马墙
敌台
马面
水关（门）
砖瓦窑
碑碣
居住址
其他相关遗址、遗迹
省级行政中心
地级行政中心
县级行政中心
乡、镇
行政村
省级界
地级界
雄安新区界
县级界
铁路
高速公路及编号
国道及编号
省道及编号
县道
水系及闸坝

比例尺　1∶290 000

涿鹿县长城资源概况

　　涿鹿县调查长城墙体7段，总长13096米；单体建筑41座，其中敌台22座、烽火台19座；关堡7座。

图二十六　阳原县明长城资源分布图

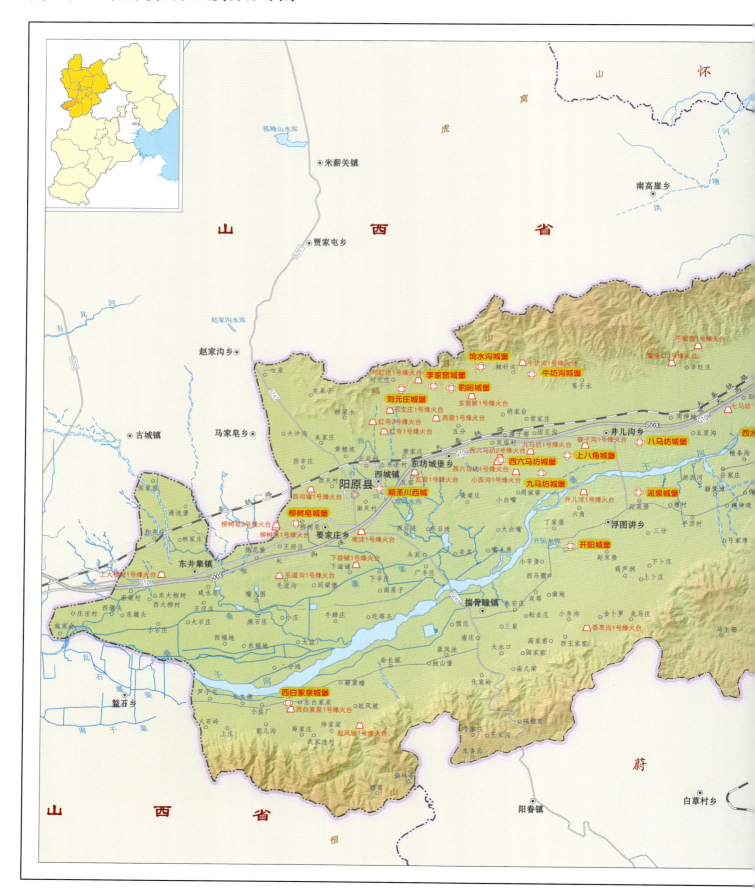

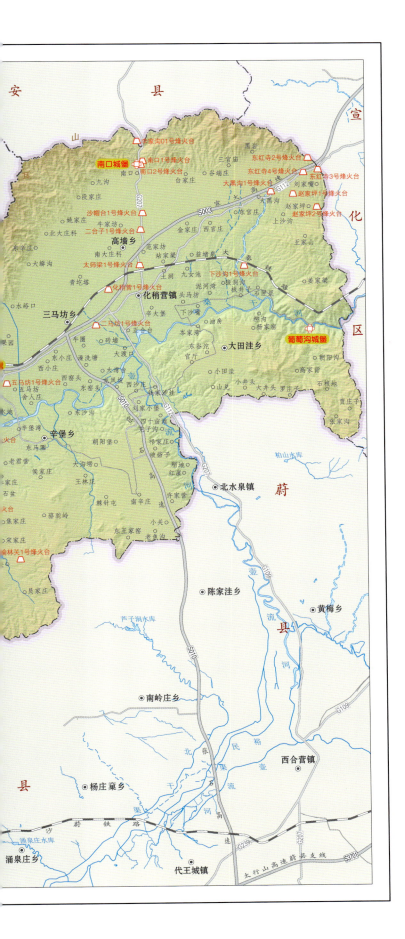

图　例

	土墙
	石墙
	砖墙
	消失墙体
	山险
	河险
	山险墙
	壕堑
	其他墙体
	关堡
	烽火台
	挡马墙
	敌台
	马面
	水关（门）
	砖瓦窑
	碑碣
	居住址
	其他相关遗址、遗迹
	省级行政中心
	地级行政中心
	县级行政中心
	乡、镇
	行政村
	省级界
	地级界
	雄安新区界
	县级界
	铁路
	高速公路及编号
	国道及编号
	省道及编号
	县道
	水系及闸坝

比例尺　1：243 000

阳原县长城资源概况

阳原县调查长城单体建筑烽火台46座，关堡16座。

图二十七　蔚县明长城资源分布图

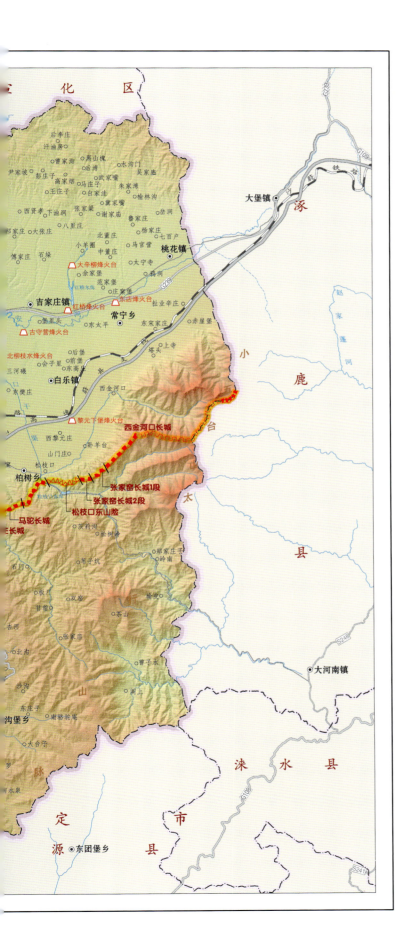

图 例

土墙	
石墙	
砖墙	
消失墙体	
山险	
河险	
山险墙	
壕堑	
其他墙体	
关堡	
烽火台	
挡马墙	
敌台	
马面	
水关（门）	
砖瓦窑	
碑碣	
居住址	
其他相关遗址、遗迹	
省级行政中心	
地级行政中心	
县级行政中心	
乡、镇	
行政村	
省级界	
地级界	
雄安新区界	
县级界	
铁路	
高速公路及编号	G7
国道及编号	G207
省道及编号	S247
县道	
水系及闸坝	

比例尺　1∶310 000

蔚县长城资源概况

蔚县调查长城单体建筑烽火台30座；关堡2座。

赤城县

（一）墙体

1. 后城金鸡梁长城 1 段 130732382102170001

2. 后城金鸡梁长城 2 段 130732382102170002

3. 琵琶山险 130732382106170003

4. 后城南尹家沟长城 1 段 130732382102170004

5. 后城南尹家沟长城 2 段 130732382106170005

6. 后城南尹家沟长城 3 段 130732382102170006

7. 后城南尹家沟长城 4 段 130732382106170007

8. 后城南尹家沟长城 5 段 130732382102170008

9. 后城南尹家沟长城 6 段 130732382106170009　　10. 后城南尹家沟长城 7 段 130732382102170010

11. 后城南尹家沟长城 8 段 130732382102170011　　12. 后城南尹家沟长城 9 段 130732382106170012

13. 后城南尹家沟长城 10 段 130732382102170013　　14. 后城南尹家沟长城 11 段 130732382106170014

15. 后城南尹家沟长城 12 段 130732382102170015　　16. 后城拦马道长城 1 段 130732382102170016

17. 后城拦马道长城 2 段 1307323821102170017

18. 后城拦马道长城 3 段 1307323821106170018

19. 后城拦马道长城 4 段 1307323821102170019

20. 后城拦马道长城 5 段 1307323821106170020

21. 后城水泉沟长城 1307323821102170021

22. 后城大庄科长城 1307323821102170022

23. 龙门所赵家庄长城 1 段 1307323821102170023

24. 龙门所赵家庄长城 2 段 1307323821106170024

25. 龙门所赵家庄长城3段 130732382102170025

26. 龙门所赵家庄长城4段 130732382102170026

27. 龙门所赵家庄长城5段 130732382106170027

28. 龙门所赵家庄长城6段 130732382102170028

29. 龙门所郭家窑长城1段 130732382106170029

30. 龙门所郭家窑长城2段 130732382102170030

31. 龙门所郭家窑长城3段 130732382106170031

32. 龙门所郭家窑长城4段 130732382102170032

33.龙门所郭家窑长城 5 段 1307323382106170033

34.龙门所郭家窑长城 6 段 1307323382102170034

35.龙门所青平楼长城 1 段 1307323382102170035

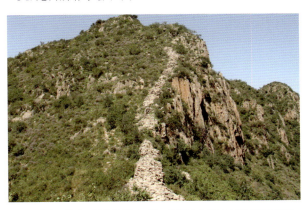

36.龙门所青平楼长城 2 段 1307323382106170036

37.龙门所青平楼长城 3 段 1307323382102170037

38.红沙垴附线长城 1 段 1307323382102170038

39.红沙垴附线长城 2 段 1307323382106170039

40.红沙垴附线长城 3 段 1307323382102170040

41.红沙埌附线长城 4 段 130732382106170041

42.红沙埌附线长城 5 段 130732382102170042

43.红沙埌附线长城 6 段 130732382102170043

44.红沙埌附线长城 7 段 130732382102170044

45.红沙埌附线长城 8 段 130732382106170045

46.红沙埌附线长城 9 段 130732382102170046

47.胡家窑长城 1 段 130732382102170047

48.菜树梁长城 1 段 130732382102170048

49.菜树梁长城2段 130732382106170049

50.菜树梁长城3段 130732382102170050

51.菜树梁长城4段 130732382106170051

52.菜树梁长城5段 130732382102170052

53.菜树梁长城6段 130732382106170053

54.菜树梁长城7段 130732382102170054

55.菜树梁长城8段 130732382106170055

56.菜树梁长城9段 130732382102170056

58. 巴图营长城 2 段 1307323821061700058

57. 巴图营长城 1 段 1307323821021700057

59. 巴图营长城 3 段 1307323821021700059

60. 巴图营长城 4 段 1307323821061700060

61. 巴图营长城 5 段 1307323821021700061

62. 巴图营长城 6 段 1307323821061700062

63. 巴图营长城 7 段 1307323821021700063

64.万水泉长城1段130732382102170064

66.万水泉长城3段130732382102170066

67.万水泉长城4段130732382106170067

65.万水泉长城2段130732382106170065

68.万水泉长城5段130732382102170068

69.寺沟长城第1段130732382106170069

70. 寺沟长城第 2 段 130732382102170070

71. 大地长城第 1 段 130732382106170071

72. 大地长城第 2 段 130732382102170072

73. 名旺庄长城 1 段 130732382102170073

74. 名旺庄长城 2 段 130732382102170074

75. 名旺庄长城 3 段 130732382102170075

76. 青平楼长城 4 段 130732382102170076

77. 青平楼长城 5 段 130732382102170077

78.里东沟长城 1 段 130732382102170078　　79.里东沟长城 2 段 130732382102170079

80.北禹山长城 1 段 130732382102170080　　81.北禹山长城 2 段 130732382102170081

82.张鹿角沟长城 1 段 130732382102170082　　83.张鹿角沟长城 2 段 130732382102170083

84.青虎沟长城 1 段 130732382102170084　　85.青虎沟长城 2 段 130732382102170085

86.红房窑长城1段13073238210217086

87.红房窑长城2段130732382102170087

88.长梁长城1段130732382102170088

89.长梁长城2段130732382102170089

90.长梁长城3段130732382102170090

91.北沟长城1段130732382102170091

92.北沟长城2段130732382102170092

93.冰山梁长城1段130732382102170093

94.冰山梁长城2段 1307323821021700094

95.栅子口长城1段 1307323821021700095

96.栅子口长城2段 1307323821021700096

97.栅子口长城3段 1307323821021700097

98 庞家窑长城1段 1307323821021700098

99.北栅子长城1段 1307323821021700099

100.北栅子长城2段 1307323821021700100

101.北栅子长城3段 1307323821021700101

102. 三棵树长城 1 段 1307323821102170102

103. 三棵树长城 2 段 1307323821102170103

104. 三棵树长城 3 段 1307323821102170104

105. 三棵树长城 4 段 1307323821102170105

106. 明岔长城 1 段 1307323821102170106

107. 明岔长城 2 段 1307323821102170107

108. 明岔长城 3 段 1307323821102170108

109. 马连口长城 1 段 1307323821102170109

110. 马连口长城 2 段 130732382102170110

111. 张家窑长城 130732382102170111

112. 马连顶长城 130732382102170112

113. 海家窑长城 130732382102170113

114. 刷子沟长城 1 段 130732382106170114

115. 刷子沟长城 2 段 130732382101170115

116. 里界墙长城 130732382101170116

117. 大边梁北侧长城 1 段 130732382102170117

118. 大边梁北侧长城 2 段 130732382106170118

119. 大边梁北侧长城 3 段 130732382102170119

120. 大边梁北侧长城 4 段 130732382106170120

121. 大边梁北侧长城 5 段 130732382102170121

122. 大边梁南侧长城 130732382102170122

123. 镇宁堡岔沟梁长城 130732382102170123

124. 松林背长城 130732382102170124

125. 小口梁东北侧长城 130732382102170125

126. 小口梁西南侧长城 1307323382102170126

127. 夭湾长城 1307323382102170127

128. 马驹沟长城 1307323382102170128

129. 里口长城 1307323382102170129

130. 北栅子村长城 1307323382102170130

131. 老王沟村长城 1307323382102170131

132. 黄家沟长城 1307323382106170132

133. 孙庄长城 1 段 1307323382102170133

134.孙庄长城 2 段 1307323382106170134   135.孙庄长城 3 段 1307323382102170135

136.东新堡长城 1 段 1307323382106170136   137.东新堡长城 2 段 1307323382102170137

138.东新堡长城 3 段 1307323382102170138   139.黎家堡长城 1 段 1307323382102170139

140.黎家堡长城 2 段 1307323382102170140   141.黎家堡长城 3 段 1307323382106170141

142. 东窑长城 130732382102170142

143. 雕鄂堡北侧长城 1 段 130732382106170143

144. 雕鄂堡北侧长城 2 段 130732382102170144

145. 雕鄂堡西侧长城 1 段 130732382102170145

146. 雕鄂堡西侧长城 2 段 130732382106170146

147. 雕鄂堡西侧长城 3 段 130732382102170147

148. 康庄东侧长城 1 段 130732382106170148

149. 康庄东侧长城 2 段 130732382102170149

150.康庄东侧长城3段 130732382101170150

151.下虎长城 130732382101170151

152.上虎长城 130732382101170152

153.三岔口长城 130732382101170153

154.八里庄长城 130732382101170154

155.周村长城 130732382101170155

156.前所长城1段 130732382102170156

157.前所长城2段 130732382106170157

158.二架山长城 13073232382102170158

159.白塔沟长城 13073232382102170159

160.转山长城 1 段 13073232382101170160

161.转山长城 2 段 13073232382102170161

162.大尖山长城 1 段 13073232382106170162

163.大尖山长城 2 段 13073232382102170163

164.长梁东山长城 13073232382102170164

165.炭窑长城 1 段 13073232382106170165

166.炭窑长城 2 段 130732382102170166

167.炭窑长城 3 段 130732382106170167

168.炭窑长城 4 段 130732382102170168

（二）单体建筑

1. 金鸡梁烽火台 01 号 13073235320117 0001

2. 金鸡梁敌台 01 号 1307323521011 70002

3. 金鸡梁敌台 02 号 130732352101170003

4. 金鸡梁敌台 03 号 130732352101170004

5. 金鸡梁敌台 04 号 130732352101170005

6. 金鸡梁敌台 05 号 130732352101170006

7. 金鸡梁敌台 06 号 130732352101170007

8. 金鸡梁敌台 07 号 130732352101170008

9. 金鸡梁敌台 08 号 1307323521011170009

10. 金鸡梁烽火台 02 号 1307323532011170010

11. 金鸡梁烽火台 03 号 1307323532011170011

12. 金鸡梁烽火台 04 号 1307323532011170012

13. 金鸡梁烽火台 05 号 1307323532011170013

14. 金鸡梁敌台 09 号 1307323521011170014

15. 金鸡梁敌台 10 号 1307323521011170015

16. 金鸡梁敌台 11 号 1307323521011170016

17. 金鸡梁敌台 12 号 130732352101170017

18. 大边敌台 01 号 130732352101170018

19. 大边敌台 02 号 130732352101170019

20. 大边敌台 03 号 130732352101170020

21. 大边敌台 04 号 130732352101170021

22. 大边烽火台 01 号 130732353201170022

23. 大边敌台 05 号 130732352101170023

24. 大边敌台 06 号 130732352101170024

25. 大边敌台 07 号 1307323521011170025

26. 南尹家沟敌台 01 号 1307323521011170026

27. 南尹家沟敌台 02 号 1307323521011170027

28. 南尹家沟敌台 03 号 1307323521011170028

29. 南尹家沟敌台 04 号 1307323521011170029

30. 南尹家沟敌台 05 号 1307323521011170030

31. 南尹家沟敌台 06 号 1307323521011170031

32. 南尹家沟敌台 07 号 1307323521011170032

33. 南尹家沟敌台 08 号 130732352101170033

34. 北尹家沟敌台 01 号 130732352101170034

35. 北尹家沟敌台 02 号 130732352101170035

36. 北尹家沟敌台 03 号 130732352101170036

37. 北尹家沟敌台 04 号 130732352101170037

38. 北尹家沟敌台 05 号 130732352101170038

39. 北尹家沟敌台 06 号 130732352101170039

40. 北尹家沟敌台 07 号 130732352101170040

41.北尹家沟敌台 08 号 1307323352101170041

42.北尹家沟敌台 09 号 1307323352101170042

43.北尹家沟敌台 10 号 1307323352101170043

44.北尹家沟烽火台 01 号 1307323353201170044

45.北尹家沟敌台 11 号 1307323352101170045

46.北尹家沟烽火台 02 号 1307323353201170046

47.北尹家沟烽火台 03 号 1307323353201170047

48.拦马道敌台 01 号 1307323352101170048

49.拦马道敌台 02 号 130732352101170049

50.拦马道敌台 03 号 130732352101170050

51.拦马道敌台 04 号 130732352101170051

52.拦马道敌台 05 号 130732352101170052

53.拦马道烽火台 01 号 130732353201170053

54.拦马道烽火台 02 号 130732353201170054

55.拦马道敌台 06 号 130732352101170055

56.平路口敌台 01 号 130732352101170056

57. 平路口敌台 02 号 1307323352101170057

58. 平路口敌台 03 号 1307323352101170058

59. 平路口敌台 04 号 1307323352101170059

60. 平路口敌台 05 号 1307323352101170060

61. 平路口敌台 06 号 1307323352101170061

62. 平路口烽火台 01 号 1307323353201170062

63. 平路口烽火台 02 号 1307323353201170063

64. 平路口烽火台 03 号 1307323353201170064

65. 水泉沟烽火台 01 号 130732353201170065

66. 水泉沟烽火台 02 号 130732353201170066

67. 水泉沟烽火台 03 号 130732353201170067

68. 水泉沟烽火台 04 号 130732353201170068

69. 大庄科烽火台 01 号 130732353201170069

70. 大庄科烽火台 02 号 130732353201170070

71. 大庄科烽火台 03 号 130732353201170071

72. 大庄科敌台 01 号 130732352101170072

73. 大庄科敌台 02 号 130732352101170073

74. 大庄科敌台 03 号 130732352101170074

75. 大庄科敌台 04 号 130732352101170075

76. 大庄科敌台 05 号 130732352101170076

77. 庙湾敌台 01 号 130732352101170077

78. 庙湾烽火台 01 号 130732353201170078

79. 庙湾敌台 02 号 130732352101170079

80. 庙湾烽火台 02 号 130732353201170080

81.庙湾敌台 03 号 130732352101170081

82.庙湾烽火台 03 号 130732353201170082

83.马营口敌台 01 号 130732352101170083

84.马营口敌台 02 号 130732352101170084

85.马营口烽火台 01 号 130732353201170085

86.马营口烽火台 02 号 130732353201170086

87.赵家庄敌台 01 号 130732352101170087

88.赵家庄烽火台 01 号 130732353201170088

89.赵家庄烽火台 02 号 130732353201170089　　　　90.赵家庄敌台 02 号 130732352101170090

91.赵家庄敌台 03 号 130732352101170091　　　　92.赵家庄烽火台 03 号 130732353201170092

93.赵家庄烽火台 04 号 130732353201170093　　　　94.赵家庄敌台 04 号 130732352101170094

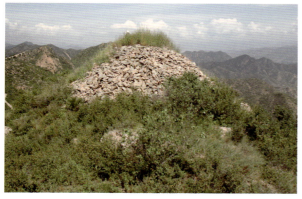

95.赵家庄烽火台 05 号 130732353201170095　　　　96.赵家庄烽火台 06 号 130732353201170096

97. 郭家窑烽火台 01 号 130732353201170097

98. 郭家窑烽火台 02 号 130732353201170098

99. 郭家窑敌台 01 号 130732352101170099

100. 郭家窑烽火台 03 号 130732353201170100

101. 郭家窑烽火台 04 号 130732353201170101

102. 郭家窑敌台 02 号 130732352101170102

103. 郭家窑烽火台 05 号 130732353201170103

104. 郭家窑敌台 03 号 130732352101170104

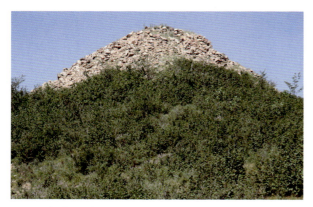

105. 郭家窑烽火台 06 号 130732353201170105

106. 郭家窑烽火台 07 号 130732353201170106

107. 郭家窑敌台 04 号 130732352101170107

108. 青平楼敌台 01 号 130732352101170108

109. 青平楼敌台 02 号 130732352101170109

110. 青平楼敌台 03 号 130732352101170110

111. 青平楼敌台 04 号 130732352101170111

112. 青平楼敌台 05 号 130732352101170112

113. 青平楼敌台 06 号 130732352101170113

114. 十八亩地烽火台 01 号 130732353201170114

115. 十八亩地烽火台 02 号 130732353201170115

116. 十八亩地烽火台 03 号 130732353201170116

117. 下缸房烽火台 01 号 130732353201170117

118. 下缸房烽火台 02 号 130732353201170118

119. 中碌碡湾烽火台 01 号 130732353201170119

120. 中碌碡湾烽火台 02 号 130732353201170120

121. 中碌碡湾烽火台 03 号 130732353201170121　　122. 中碌碡湾烽火台 04 号 130732353201170122

123. 中碌碡湾烽火台 05 号 130732353201170123　　124. 中碌碡湾烽火台 06 号 130732353201170124

125. 大古路沟烽火台 01 号 130732353201170125　　126. 大古路沟烽火台 02 号 130732353201170126

127. 大古路沟烽火台 03 号 130732353201170127　　128. 井儿沟烽火台 01 号 130732353201170128

129.井儿沟烽火台02号 130732353201170129

130.井儿沟烽火台03号 130732353201170130

131.六棵树烽火台01号 130732353201170131

132.六棵树烽火台02号 130732353201170132

133.六棵树烽火台03号 130732353201170133

134.六棵树烽火台04号 130732353201170134

135.碾子湾烽火台01号 130732353201170135

136.碾子湾烽火台02号 130732353201170136

137.碾子湾烽火台03号 130732353201170137

138.碾子湾烽火台04号 130732353201170138

139.茨营子烽火台01号 130732353201170139

140.茨营子烽火台02号 130732353201170140

141.茨营子烽火台03号 130732353201170141

142.茨营子烽火台04号 130732353201170142

143.茨营子烽火台05号 130732353201170143

144.茨营子烽火台06号 130732353201170144

145. 茨营子烽火台 07 号 130732353201170145　　146. 巴图营烽火台 01 号 130732353201170146

147. 巴图营烽火台 02 号 130732353201170147　　148. 巴图营烽火台 03 号 130732353201170148

149. 巴图营烽火台 04 号 130732353201170149　　150. 巴图营烽火台 05 号 130732353201170150

151. 塘子营烽火台 01 号 130732353201170151　　152. 塘子营烽火台 02 号 130732353201170152

153.塘子营烽火台 03 号 130732353201170153　　154.塘子营烽火台 04 号 130732353201170154

155.外沙沟烽火台 01 号 130732353201170155　　156.外沙沟烽火台 02 号 130732353201170156

157.西万口烽火台 01 号 130732353201170157　　158.西万口烽火台 02 号 130732353201170158

159.西万口烽火台 03 号 130732353201170159　　160.大水沟烽火台 01 号 130732353201170160

161. 官路坊烽火台 01 号 130732353201170161

162. 官路坊烽火台 02 号 130732353201170162

163. 官路坊烽火台 03 号 130732353201170163

164. 小寺沟烽火台 01 号 130732353201170164

165. 小寺沟烽火台 02 号 130732353201170165

166. 大寺沟烽火台 01 号 130732353201170166

167. 大寺沟烽火台 02 号 130732353201170167

168. 大寺沟烽火台 03 号 130732353201170168

169. 大寺沟烽火台 04 号 130732353201170169

170. 孤石烽火台 01 号 130732353201170170

171. 孤石烽火台 02 号 130732353201170171

172. 孤石烽火台 03 号 130732353201170172

173. 孤石烽火台 04 号 130732353201170173

174. 头道川烽火台 01 号 130732353201170174

175. 头道川烽火台 02 号 130732353201170175

176. 头道川烽火台 03 号 130732353201170176

177.头道川烽火台 04 号 13073235320l170177

178.头道川烽火台 05 号 13073235320l170178

179.头道川烽火台 06 号 13073235320l170179

180.河路沟烽火台 01 号 13073235320l170180

181.河路沟烽火台 02 号 13073235320l170181

182.河路沟烽火台 03 号 13073235320l170182

183.瓦窑村烽火台 01 号 13073235320l170183

184.永宁口烽火台 01 号 13073235320l170184

185.永宁口烽火台 02 号 130732353201170185

186.青羊沟烽火台 01 号 130732353201170186

187.青羊沟烽火台 02 号 130732353201170187

188.青羊沟烽火台 03 号 130732353201170188

189.青羊沟烽火台 04 号 130732353201170189

190.小庄科烽火台 01 号 130732353201170190

191.小庄科烽火台 02 号 130732353201170191

192.大庄科烽火台 04 号 130732353201170192

177.头道川烽火台 04 号 130732353201170177

178.头道川烽火台 05 号 130732353201170178

179.头道川烽火台 06 号 130732353201170179

180.河路沟烽火台 01 号 130732353201170180

181.河路沟烽火台 02 号 130732353201170181

182.河路沟烽火台 03 号 130732353201170182

183.瓦窑村烽火台 01 号 130732353201170183

184.永宁口烽火台 01 号 130732353201170184

185. 永宁口烽火台 02 号 130732353201170185

186. 青羊沟烽火台 01 号 130732353201170186

187. 青羊沟烽火台 02 号 130732353201170187

188. 青羊沟烽火台 03 号 130732353201170188

189. 青羊沟烽火台 04 号 130732353201170189

190. 小庄科烽火台 01 号 130732353201170190

191. 小庄科烽火台 02 号 130732353201170191

192. 大庄科烽火台 04 号 130732353201170192

193. 大庄科烽火台 05 号 1307323532011170193

194. 后城张家窑烽火台 0113073232353201170194

195. 祁家窑烽火台 01 号 1307323532011170195

196. 崔家沟烽火台 01 号 1307323532011170196

197. 崔家沟烽火台 02 号 1307323532011170197

198. 张寺沟烽火台 01 号 1307323532011170198

199. 张寺沟烽火台 02 号 1307323532011170199

200. 张寺沟烽火台 03 号 1307323532011170200

201. 辛墩烽火台 01 号 130732353201170201

202. 辛墩烽火台 02 号 130732353201170202

203. 辛墩烽火台 03 号 130732353201170203

204. 辛墩烽火台 04 号 130732353201170204

205. 庄户窑烽火台 01 号 130732353201170205

206. 庄户窑烽火台 02 号 130732353201170206

207. 庄户窑烽火台 03 号 130732353201170207

208. 王庄子烽火台 01 号 130732353201170208

209. 王庄子烽火台 02 号 130732353201170209

210. 王庄子烽火台 03 号 130732353201170210

211. 王庄子烽火台 04 号 130732353201170211

212. 王庄子烽火台 05 号 130732353201170212

213. 王庄子烽火台 06 号 130732353201170213

214. 王庄子烽火台 07 号 130732353201170214

215. 胡山庄烽火台 01 号 130732353201170215

216. 胡山庄烽火台 02 号 130732353201170216

217. 胡山庄烽火台 03 号 130732353201170217　　218. 胡山庄烽火台 04 号 130732353201170218

219. 胡山庄烽火台 05 号 130732353201170219　　220. 胡山庄烽火台 06 号 130732353201170220

221. 胡家村烽火台 01 号 130732353201170221　　222. 胡家村烽火台 02 号 130732353201170222

223. 胡家村烽火台 03 号 130732353201170223　　224. 胡家村烽火台 04 号 130732353201170224

225. 胡家村烽火台 05 号 130732353201170225

226. 胡家村烽火台 06 号 130732353201170226

227. 胡家村烽火台 07 号 130732353201170227

228. 白河堡水库烽火台 01 号
130732353201170228

229. 下堡烽火台 01 号 130732353201170229

230. 下堡烽火台 02 号 130732353201170230

231. 下堡烽火台 03 号 130732353201170231

232. 常胜庄烽火台 01 号 130732353201170232

233.常胜庄烽火台 02 号 130732353201170233　　234.常胜庄烽火台 03 号 130732353201170234

235.常胜庄烽火台 04 号 130732353201170235　　236.郑家窑烽火台 01 号 130732353201170236

237.小尹家沟烽火台 01 号 130732353201170237　　238.青罗口烽火台 01 号 130732353201170238

239.青罗口烽火台 02 号 130732353201170239　　240.青罗口烽火台 03 号 130732353201170240

241.青罗口烽火台 04 号 130732353201170241　　242.棋盘沟烽火台 01 号 130732353201170242

243.河西堡烽火台 01 号 130732353201170243　　244.黄家沟烽火台 01 号 130732353201170244

245.后城烽火台 01 号 130732353201170245　　246.后城烽火台 02 号 130732353201170246

247.后城烽火台 03 号 130732353201170247　　248.后城烽火台 04 号 130732353201170248

249. 后城烽火台 05 号 130732353201170249

250. 后城烽火台 06 号 130732353201170250

251. 后城烽火台 07 号 130732353201170251

252. 后城烽火台 08 号 130732353201170252

253. 后城烽火台 09 号 130732353201170253

254. 名旺庄烽火台 01 号 130732353201170254

255. 名旺庄烽火台 02 号 130732353201170255

256. 名旺庄烽火台 03 号 130732353201170256

257.名旺庄烽火台 04 号 130732353201170257

258.罗家堡烽火台 01 号 130732353201170258

259.罗家堡烽火台 02 号 130732353201170259

260.罗家堡烽火台 03 号 130732353201170260

261.罗家堡烽火台 04 号 130732353201170261

262.尚家堡烽火台 130732353201170262

263.上马山烽火台 01 号 130732353201170263

264.上马山烽火台 02 号 130732353201170264

265. 上马山烽火台 03 号 130732353201170265

266. 样田烽火台 01 号 130732353201170266

267. 样田烽火台 02 号 130732353201170267

268. 倪家沟烽火台 01 号 130732353201170268

269. 半沟烽火台 01 号 130732353201170269

270. 张浩村烽火台 01 号 130732353201170270

271. 大地长城敌台 01 号 130732352101170271

272. 大地长城敌台 02 号 130732352101170272

273.羊圈烽火台 01 号 130732353201170273

274.羊圈烽火台 02 号 130732353201170274

275.羊圈烽火台 03 号 130732353201170275

276.上堡烽火台 01 号 130732353201170276

277.上堡烽火台 02 号 130732353201170277

278.上堡烽火台 03 号 130732353201170278

279.上堡烽火台 04 号 130732353201170279

280.上堡烽火台 05 号 130732353201170280

281. 上堡烽火台 06 号 130732353201170281

282. 金鸡梁烽火台 06 号 130732353201170282

283. 金鸡梁烽火台 07 号 130732353201170283

284. 琵琶村烽火台 01 号 130732353201170284

285. 琵琶村烽火台 02 号 130732353201170285

286. 琵琶村烽火台 03 号 130732353201170286

287. 琵琶村烽火台 04 号 130732353201170287

288. 琵琶村烽火台 05 号 130732353201170288

289. 琵琶村烽火台 06 号 130732353201170289

290. 琵琶村烽火台 07 号 130732353201170290

291. 琵琶村烽火台 08 号 130732353201170291

292. 琵琶村烽火台 09 号 130732353201170292

293. 琵琶村烽火台 10 号 130732353201170293

294. 琵琶村烽火台 11 号 130732353201170294

295. 琵琶村烽火台 12 号 130732353201170295

296. 琵琶村烽火台 13 号 130732353201170296

297. 琵琶村烽火台 14 号 130732353201170297

298. 大西凹烽火台 01 号 130732353201170298

299. 大西凹烽火台 02 号 130732353201170299

300. 万水泉烽火台 01 号 130732353201170300

301. 万水泉烽火台 02 号 130732353201170301

302. 万水泉烽火台 03 号 130732353201170302

303. 万水泉烽火台 04 号 130732353201170303

304. 万水泉烽火台 05 号 130732353201170304

305. 万水泉烽火台 06 号 130732353201170305

306. 大边烽火台 02 号 130732353201170306

307. 大边烽火台 03 号 130732353201170307

308. 大边烽火台 04 号 130732353201170308

309. 蛤蟆沟烽火台 01 号 130732353201170309

310. 蛤蟆沟烽火台 02 号 130732353201170310

311. 榆树湾烽火台 01 号 130732353201170311

312. 草岭子烽火台 01 号 130732353201170312

313.老虎坑烽火台 01 号 130732353201170313 314.老虎坑烽火台 02 号 130732353201170314

315.万水泉长城敌台 01 号 130732352101170315 316.万水泉长城敌台 02 号 130732352101170316

317.万水泉长城敌台 03 号 130732352101170317 318.万水泉长城敌台 04 号 130732352101170318

319.万水泉长城敌台 05 号 130732352101170319 320.万水泉长城敌台 06 号 130732352101170320

321. 万水泉长城敌台 07 号 130732352101170321

322. 万水泉长城敌台 08 号 130732352101170322

323. 万水泉长城敌台 09 号 130732352101170323

324. 寺沟烽火台 01 号 130732353201170324

325. 寺沟烽火台 02 号 130732353201170325

326. 寺沟烽火台 03 号 130732353201170326

327. 寺沟烽火台 04 号 130732353201170327

328. 长伸地烽火台 01 号 130732353201170328

329.长伸地烽火台 02 号 130732353201170329

330.长伸地烽火台 03 号 130732353201170330

331.长伸地烽火台 04 号 130732353201170331

332.南尹家沟烽火台 01 号 130732353201170332

333.南尹家沟烽火台 02 号 130732353201170333

334.盘道湾烽火台 01 号 130732353201170334

335.盘道湾烽火台 02 号 130732353201170335

336.姚家湾烽火台 01 号 130732353201170336

337.东湾子烽火台 01 号 130732353201170337　　　338.巡检司烽火台 01 号 130732353201170338

339.巡检司烽火台 02 号 130732353201170339　　　340.巡检司烽火台 03 号 130732353201170340

341.营盘梁烽火台 01 号 130732353201170341　　　342.营盘梁烽火台 02 号 130732353201170342

343.辛墩烽火台 05 号 130732353201170343　　　344.张寺沟烽火台 04 号 130732353201170344

345. 程正沟烽火台 01 号 130732353201170345

346. 小堡子烽火台 01 号 130732353201170346

347. 戴家沟烽火台 01 号 130732353201170347

348. 蒋家堡烽火台 01 号 130732353201170348

349. 蒋家堡烽火台 02 号 130732353201170349

350. 蒋家堡烽火台 03 号 130732353201170350

351. 蒋家堡烽火台 04 号 130732353201170351

352. 庙湾烽火台 04 号 130732353201170352

353.申沟烽火台 01 号 130732353201170353

354.申沟烽火台 02 号 130732353201170354

355.申沟烽火台 03 号 130732353201170355

356.龙门所烽火台 01 号 130732353201170356

357.龙门所烽火台 02 号 130732353201170357

358.龙门所烽火台 03 号 130732353201170358

359.龙门所烽火台 04 号 130732353201170359

360.龙门所烽火台 05 号 130732353201170360

361.龙门所烽火台 06 号 130732353201170361

362.龙门所烽火台 07 号 130732353201170362

363.龙门所烽火台 08 号 130732353201170363

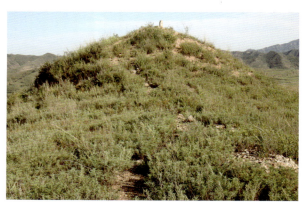

364.龙门所烽火台 09 号 130732353201170364

365.龙门所烽火台 10 号 130732353201170365

366.龙门所烽火台 11 号 130732353201170366

367.龙门所烽火台 12 号 130732353201170367

368.龙门所烽火台 13 号 130732353201170368

369. 龙门所烽火台 14 号 130732353201170369

370. 马营口烽火台 03 号 130732353201170370

371. 马营口烽火台 04 号 130732353201170371

372. 马营口烽火台 05 号 130732353201170372

373. 马营口烽火台 06 号 130732353201170373

374. 水沟烽火台 01 号 130732353201170374

375. 十二道洼烽火台 01 号 130732353201170375

376. 郭家窑烽火台 08 号 130732353201170376

377. 李家窑烽火台 01 号 130732353201170377　　378. 李家窑烽火台 02 号 130732353201170378

379. 牧马堡烽火台 01 号 130732353201170379　　380. 牧马堡烽火台 02 号 130732353201170380

381. 牧马堡烽火台 03 号 130732353201170381　　382. 青平楼烽火台 01 号 130732353201170382

383. 青平楼烽火台 02 号 130732353201170383　　384. 七十亩湾烽火台 01 号 130732353201170384

385. 外东沟烽火台01号 130732353201170385

386. 外东沟烽火台02号 130732353201170386

387. 前楼烽火台01号 130732353201170387

388. 前楼烽火台02号 130732353201170388

389. 前楼烽火台03号 130732353201170389

390. 后楼烽火台01号 130732353201170390

391. 后楼烽火台02号 130732353201170391

392. 龙门所张家窑烽火台 130732353201170392

393.龙门所郝家窑烽火台01号130732353201170393　　394.龙门所西梁后烽火台01号130732353201170394

395.龙门所景家窑烽火台01号130732353201170395　　396.龙门所黑龙王沟烽火台01号130732353201170396

397.龙门所黑龙王沟烽火台02号130732353201170397　　398.样田东红石窑烽火台01号130732353201170398

399.龙门所杜家窑烽火台01号130732353201170399　　400.龙门所沈家泉烽火台01号130732353201170400

401.龙门所三义村烽火台 01 号 130732353201170401

402.样田石灰窑烽火台 01 号 130732353201170402

403.样田双山寨烽火台 01 号 130732353201170403

404.样田双山寨烽火台 02 号 130732353201170404

405.样田郭家屯烽火台 01 号 130732353201170405

406.样田郭家屯烽火台 02 号 130732353201170406

407.样田柳林屯烽火台 01 号 130732353201170407

408.样田杨家坟烽火台 01 号 130732353201170408

409.老幼屯烽火台 01 号 130732353201170409　　　410.老幼屯烽火台 02 号 130732353201170410

411.老幼屯烽火台 03 号 130732353201170411　　　412.兴仁堡烽火台 01 号 130732353201170412

413.兴仁堡烽火台 02 号 130732353201170413　　　414.镇宁堡野马盘烽火台 01 号 130732353201170414

415.镇宁堡野马盘烽火台 02 号 130732353201170415　　　416.镇宁堡野马盘烽火台 03 号 130732353201170416

417.镇宁堡水泉子烽火台01号130732353201170417

418.镇宁堡水泉子烽火台02号130732353201170418

419.镇宁堡水泉子烽火台03号130732353201170419

420.镇宁堡水泉子烽火台04号130732353201170420

421.镇宁堡水泉子烽火台05号130732353201170421

422.镇宁堡盘石台烽火台01号130732353201170422

423.镇宁堡盘石台烽火台02号130732353201170423

424.镇宁堡盘石台烽火台03号130732353201170424

425.镇宁堡盘石台烽火台04号130732353201170425　　426.镇宁堡盘石台烽火台05号130732353201170426

427.镇宁堡正阳墩烽火台01号130732353201170427　　428.镇宁堡正阳墩烽火台02号130732353201170428

429.镇宁堡方家梁烽火台01号130732353201170429　　430.镇宁堡方家梁烽火台02号130732353201170430

431.镇宁堡方家梁烽火台03号130732353201170431　　432.镇宁堡东栅子烽火台01号130732353201170432

433.镇宁堡东栅子烽火台 02 号 130732353201170433

434.镇宁堡东栅子烽火台 03 号 130732353201170434

435.镇宁堡东栅子烽火台 04 号 130732353201170435

436.镇宁堡东栅子烽火台 05 号 130732353201170436

437.镇宁堡东栅子烽火台 06 号 130732353201170437

438.镇宁堡中所烽火台 01 号 130732353201170438

439.镇宁堡界碑沟烽火台 01 号 130732353201170439

440.镇宁堡界碑沟烽火台 02 号 130732353201170440

441.镇宁堡老王沟烽火台01号130732353201170441

442.镇宁堡老王沟烽火台02号130732353201170442

443.镇宁堡老王沟烽火台03号130732353201170443

444.镇宁堡老王沟烽火台04号130732353201170444

445.镇宁堡东沟楼烽火台01号130732353201170445

446.镇宁堡烽火台01号130732353201170446

447.镇宁堡烽火台02号130732353201170447

448.镇宁堡烽火台03号130732353201170448

449.镇宁堡丁字路烽火台01号130732353201170449

450.镇宁堡丁字路烽火台02号130732353201170450

451.镇宁堡葵花村烽火台01号130732353201170451

452.镇宁堡葵花村烽火台02号130732353201170452

453.镇宁堡葵花村烽火台03号130732353201170453

454.镇宁堡葵花村烽火台04号130732353201170454

455.镇宁堡胡家窑烽火台01号130732353201170455

456.镇宁堡胡家窑烽火台02号130732353201170456

457.镇宁堡胡家窑烽火台03号 130732353201170457

458.镇宁堡胡家窑烽火台04号 130732353201170458

459.镇宁堡胡家窑烽火台05号 130732353201170459

460.镇宁堡胡家窑烽火台06号 130732353201170460

461.镇宁堡西栅子烽火台01号 130732353201170461

462.镇宁堡西栅子烽火台02号 130732353201170462

463.镇宁堡西栅子烽火台03号 130732353201170463

464.镇宁堡赵家沟烽火台01号 130732353201170464

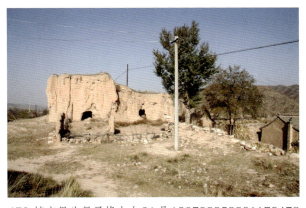

465.镇宁堡赵家沟烽火台02号130732353201170465

466.镇宁堡边家窑烽火台01号130732353201170466

467.镇宁堡黄土梁烽火台01号130732353201170467

468.镇宁堡二堡子烽火台01号130732353201170468

469.镇宁堡二堡子烽火台02号130732353201170469

470.镇宁堡二堡子烽火台03号130732353201170470

471.镇宁堡二堡子烽火台04号130732353201170471

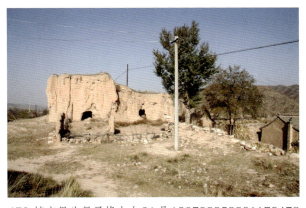

472.镇宁堡头堡子烽火台01号130732353201170472

473.镇宁堡头堡子烽火台02号130732353201170473　　474.镇宁堡头堡子烽火台03号130732353201170474

475.镇宁堡头堡子烽火台04号130732353201170475　　476.汤泉烽火台01号130732353201170476

477.汤泉烽火台02号130732353201170477　　478.赤城孙家庄烽火台01号130732353201170478

479.赤城孙家庄烽火台02号130732353201170479　　480.赤城孙家庄烽火台03号130732353201170480

481.赤城孙家庄烽火台 04 号 130732353201170481

482.赤城金家寨烽火台 01 号 130732353201170482

483.赤城四道沟烽火台 01 号 130732353201170483

484.赤城四道沟烽火台 02 号 130732353201170484

485.赤城县烽火台 02 号 130732353201170485

486.青平楼北 01 号敌台 130732352101170486

487.二道边 01 号敌台 130732352101170487

488.二道边 02 号敌台 130732352101170488

489.北高山 01 号敌台 130732352101170489

490.北高山 02 号敌台 130732352101170490

491.张鹿角沟 01 号敌台 130732352101170491

492.张鹿角沟 02 号敌台 130732352101170492

493.红山咀 01 号敌台 130732352101170493

494.红山咀 02 号敌台 130732352101170494

495.影壁窑 01 号敌台 130732352101170495

496.三棵树 01 号敌台 130732352101170496

497.杨家沟 01 号敌台 130732352101170497

498.马连口 01 号敌台 130732352101170498

499.青平楼北 01 号烽火台 130732353201170499

500.青平楼北 02 号烽火台 130732353201170500

501.青平楼北 03 号烽火台 130732353201170501

502.青平楼北 04 号烽火台 130732353201170502

503.青平楼北 05 号烽火台 130732353201170503

504.青平楼北 06 号烽火台 130732353201170504

505.青平楼北 07 号烽火台 130732353201170505　　506.青平楼北 08 号烽火台 130732353201170506

507.外东沟 01 号烽火台 130732353201170507　　508.外东沟 02 号烽火台 130732353201170508

509.外东沟 03 号烽火台 130732353201170509　　510.里东沟 01 号烽火台 130732353201170510

511.里东沟 02 号烽火台 130732353201170511　　512.里东沟 03 号烽火台 130732353201170512

513. 里东沟 04 号烽火台 130732353201170513

514. 里东沟 05 号烽火台 130732353201170514

515. 里东沟 06 号烽火台 130732353201170515

516. 望天嵯 01 号烽火台 130732353201170516

517. 望天嵯 02 号烽火台 130732353201170517

518. 望天嵯 03 号烽火台 130732353201170518

519. 望天嵯 04 号烽火台 130732353201170519

520. 望天嵯 05 号烽火台 130732353201170520

521. 后楼 01 号烽火台 130732353201170521

522. 后楼 02 号烽火台 130732353201170522

523. 后楼 03 号烽火台 130732353201170523

524. 后楼 04 号烽火台 130732353201170524

525. 后楼 05 号烽火台 130732353201170525

526. 后楼 06 号烽火台 130732353201170526

527. 后楼 07 号烽火台 130732353201170527

528. 后楼 08 号烽火台 130732353201170528

529. 后楼 09 号烽火台 130732353201170529

530. 后楼 010 号烽火台 130732353201170530

531. 后楼 011 号烽火台 130732353201170531

532. 西沟 01 号烽火台 130732353201170532

533. 西沟 02 号烽火台 130732353201170533

534. 西沟 03 号烽火台 130732353201170534

535. 西沟 04 号烽火台 130732353201170535

536. 西沟 05 号烽火台 130732353201170536

537.张鹿角沟 01 号烽火台 130732353201170537　　538.张鹿角沟 02 号烽火台 130732353201170538

539.张鹿角沟 03 号烽火台 130732353201170539　　540.大石头沟 01 号烽火台 130732353201170540

541.大石头沟 02 号烽火台 130732353201170541　　542 大石头沟 03 号烽火台 130732353201170542

543.青虎沟 01 号烽火台 130732353201170543　　544.青虎沟 02 号烽火台 130732353201170544

545.青虎沟 03 号烽火台 130732353201170545

546.青虎沟 04 号烽火台 130732353201170546

547.青虎沟 05 号烽火台 130732353201170547

548.青虎沟 06 号烽火台 130732353201170548

549.青虎沟 07 号烽火台 130732353201170549

550.红山咀 01 号烽火台 130732353201170550

551.红山咀 02 号烽火台 130732353201170551

552.红山咀 03 号烽火台 130732353201170552

553. 红山咀 04 号烽火台 130732353201170553

554. 红山咀 05 号烽火台 130732353201170554

555. 红山咀 06 号烽火台 130732353201170555

556. 长沟门 01 号烽火台 130732353201170556

557. 长沟门 02 号烽火台 130732353201170557

558. 长沟门 03 号烽火台 130732353201170558

559. 长沟门 04 号烽火台 130732353201170559

560. 长沟门 05 号烽火台 130732353201170560

561. 长沟门 06 号烽火台 130732353201170561

562. 长沟门 07 号烽火台 130732353201170562

563. 长沟门 08 号烽火台 130732353201170563

564. 长梁 01 号烽火台 130732353201170564

565. 长梁 02 号烽火台 130732353201170565

566. 长梁 03 号烽火台 130732353201170566

567. 长梁 04 号烽火台 130732353201170567

568. 长梁 05 号烽火台 130732353201170568

569. 长梁 06 号烽火台 130732353201170569

570. 长梁 07 号烽火台 130732353201170570

571. 长梁 08 号烽火台 130732353201170571

572. 长梁 09 号烽火台 130732353201170572

573. 长梁 10 号烽火台 130732353201170573

575. 虎龙沟 01 号烽火台 130732353201170575

574. 长梁 11 号烽火台 130732353201170574

576.虎龙沟 02 号烽火台 130732353201170576

577.炭窑 01 号烽火台 130732353201170577

578.炭窑 02 号烽火台 130732353201170578

579.炭窑 03 号烽火台 130732353201170579

580.后水凹 01 号烽火台 130732353201170580

582.后水凹 03 号烽火台 130732353201170582

581.后水凹 02 号烽火台 130732353201170581

583.后水凹 04 号烽火台 130732353201170583

584.冰山梁 01 号烽火台 130732353201170584

585.冰山梁 02 号烽火台 130732353201170585

586.冰山梁 03 号烽火台 130732353201170586

587.冰山梁 04 号烽火台 130732353201170587

588.冰山梁 05 号烽火台 130732353201170588

589.冰山梁 06 号烽火台 130732353201170589

590.冰山梁 07 号烽火台 130732353201170590

591.冰山梁 08 号烽火台 130732353201170591　　592.冰山梁 09 号烽火台 130732353201170592

593.盘道沟 01 号烽火台 130732353201170593　　594.盘道沟 02 号烽火台 130732353201170594

595.盘道沟 03 号烽火台 130732353201170595　　596.影壁窑 01 号烽火台 130732353201170596

597.影壁窑 02 号烽火台 130732353201170597　　598.影壁窑 03 号烽火台 130732353201170598

599. 栅子口 01 号烽火台 130732353201170599

600. 栅子口 02 号烽火台 130732353201170600

601. 栅子口 03 号烽火台 130732353201170601

602. 栅子口 04 号烽火台 130732353201170602

603. 栅子口 05 号烽火台 130732353201170603

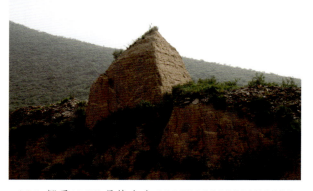

604. 栅子口 06 号烽火台 130732353201170604

605. 栅子口 07 号烽火台 130732353201170605

606. 魏家营 01 号烽火台 130732353201170606

607. 魏家营 02 号烽火台 130732353201170607

608. 魏家营 03 号烽火台 130732353201170608

609. 魏家营 04 号烽火台 130732353201170609

610. 魏家营 05 号烽火台 130732353201170610

611. 北栅口 01 号烽火台 130732353201170611

612. 北栅口 02 号烽火台 130732353201170612

613. 北栅口 03 号烽火台 130732353201170613

614. 北栅口 04 号烽火台 130732353201170614

615. 北栅口 05 号烽火台 130732353201170615

616. 北栅口 06 号烽火台 130732353201170616

617. 北栅口 07 号烽火台 130732353201170617

618. 西栅子 01 号烽火台 130732353201170618

619. 西栅子 02 号烽火台 130732353201170619

620. 西栅子 03 号烽火台 130732353201170620

621. 西栅子 04 号烽火台 130732353201170621

622. 西栅子 05 号烽火台 130732353201170622

623. 西栅子 06 号烽火台 130732353201170623

624. 梁家窑 01 号烽火台 130732353201170624

625. 梁家窑 02 号烽火台 130732353201170625

626. 梁家窑 03 号烽火台 130732353201170626

627. 三棵树 01 号烽火台 130732353201170627

628. 三棵树 02 号烽火台 130732353201170628

629. 三棵树 03 号烽火台 130732353201170629

630. 正虎沟 01 号烽火台 130732353201170630

631. 正虎沟 02 号烽火台 130732353201170631

632. 正虎沟 03 号烽火台 130732353201170632

633. 三公堂 01 号烽火台 130732353201170633

634. 三公堂 02 号烽火台 130732353201170634

635. 三公堂 03 号烽火台 130732353201170635

636. 马厂 01 号烽火台 130732353201170636

637. 马厂 02 号烽火台 130732353201170637

638. 明岔 01 号烽火台 130732353201170638

639. 明岔 02 号烽火台 130732353201170639

640. 明岔 03 号烽火台 130732353201170640

641. 明岔 04 号烽火台 130732353201170641

642. 明岔 05 号烽火台 130732353201170642

643. 南屯 01 号烽火台 130732353201170643

644. 南屯 02 号烽火台 130732353201170644

645. 南屯 03 号烽火台 130732353201170645

646. 南屯 04 号烽火台 130732353201170646

647. 南屯 05 号烽火台 1307323532011170647

648. 南屯 06 号烽火台 1307323532011170648

649. 南屯 07 号烽火台 1307323532011170649

650. 杨家沟 01 号烽火台 1307323532011170650

651. 杨家沟 02 号烽火台 1307323532011170651

652. 杨家沟 03 号烽火台 1307323532011170652

653. 杨家沟 04 号烽火台 1307323532011170653

654. 杨家沟 05 号烽火台 1307323532011170654

655. 马连口 01 号烽火台 130732353201170655

656. 张鹿角 01 号烽火台 130732353201170656

657. 张鹿角 02 号烽火台 130732353201170657

658. 张鹿角 03 号烽火台 130732353201170658

659. 张鹿角 04 号烽火台 130732353201170659

660. 张鹿角 05 号烽火台 130732353201170660

661. 镇安堡 01 号烽火台 130732353201170661

662. 镇安堡 02 号烽火台 130732353201170662

663. 镇安堡 03 号烽火台 130732353201170663　　664. 施家嵯 01 号烽火台 130732353201170664

665. 威震村 01 号烽火台 130732353201170665　　666. 威震村 02 号烽火台 130732353201170666

667. 威震村 03 号烽火台 130732353201170667　　668. 楼前村 01 号烽火台 130732353201170668

669. 二墩村 01 烽火台 130732353201170669　　670. 打鹿村 01 号烽火台 130732353201170670

671. 打鹿村 02 号烽火台 130732353201170671

672. 干沟梁 01 号烽火台 130732353201170672

673. 赵家窑 01 号烽火台 130732353201170673

674. 样墩 01 号烽火台 130732353201170674

675. 样墩 02 号烽火台 130732353201170675

676. 样墩 03 号烽火台 130732353201170676

677. 北沙沟 01 号烽火台 130732353201170677

678. 窑子沟 01 号烽火台 130732353201170678

679.夏家村 01 号烽火台 130732353201170679

680.松树梁 01 号烽火台 130732353201170680

681.东龙村 01 号烽火台 130732353201170681

682.东龙村 02 号烽火台 130732353201170682

683.大榆树沟 01 号烽火台 130732353201170683

684.金家寨 01 号烽火台 130732353201170684

685.黄土岭 01 号烽火台 130732353201170685

686.黄土岭 02 号烽火台 130732353201170686

687. 黄土岭 03 号烽火台 130732353201170687

688. 黄土岭 04 号烽火台 130732353201170688

689. 吕和堡 01 号烽火台 130732353201170689

690. 吕和堡 02 号烽火台 130732353201170690

691. 观们口 01 号烽火台 130732353201170691

692. 沙古墩 01 号烽火台 130732353201170692

693. 沙古墩 02 号烽火台 130732353201170693

694. 云州 01 号烽火台 130732353201170694

695. 西沟窑 01 号烽火台 130732353201170695

696. 西沟窑 02 号烽火台 130732353201170696

697. 西沟窑 03 号烽火台 130732353201170697

698. 西沟窑 04 号烽火台 130732353201170698

699. 茨木墩 01 号烽火台 130732353201170699

700. 云州 02 号烽火台 130732353201170700

701. 云州 03 号烽火台 130732353201170701

702. 云州 04 号烽火台 130732353201170702

703. 云州 05 号烽火台 130732353201170703

704. 云州 06 号烽火台 130732353201170704

705. 云州水库 01 号烽火台 130732353201170705

706. 云州水库 02 号烽火台 130732353201170706

707. 云州水库 03 号烽火台 130732353201170707

708. 云州水库 04 号烽火台 130732353201170708

709. 旧站 01 号烽火台 130732353201170709

710. 仓上堡 01 号烽火台 130732353201170710

711.仓上堡 02 号烽火台 130732353201170711

712.仓上堡 03 号烽火台 130732353201170712

713.羊坊堡 01 号烽火台 130732353201170713

714.羊坊堡 02 号烽火台 130732353201170714

715.羊坊堡 03 号烽火台 130732353201170715

716.羊坊堡 04 号烽火台 130732353201170716

717.羊坊堡 05 号烽火台 130732353201170717

718.羊坊堡 06 号烽火台 130732353201170718

719. 一堵墙村 01 号烽火台 130732353201170719

720. 中各中 01 号烽火台 130732353201170720

721. 大墩梁 01 号烽火台 130732353201170721

722. 黄榆沟 01 号烽火台 130732353201170722

723. 黄榆沟 02 号烽火台 130732353201170723

724. 墩上 01 号烽火台 130732353201170724

725. 新窑子 01 号烽火台 130732353201170725

726. 七眼井 01 号烽火台 130732353201170726

727. 七眼井 02 号烽火台 130732353201170727

728. 七眼井 03 号烽火台 130732353201170728

729. 七眼井 04 号烽火台 130732353201170729

730. 孟家窑 01 号烽火台 130732353201170730

731. 孟家窑 02 号烽火台 130732353201170731

732. 马营 01 号烽火台 130732353201170732

733. 马营 02 号烽火台 130732353201170733

734. 马营 03 号烽火台 130732353201170734

735. 马营 04 号烽火台 130732353201170735　　　　736. 马营 05 号烽火台 130732353201170736

737. 马营 06 号烽火台 130732353201170737　　　　738. 马营 07 号烽火台 130732353201170738

739. 马营 08 号烽火台 130732353201170739　　　　740. 马营 09 号烽火台 130732353201170740

741. 马营 10 号烽火台 130732353201170741　　　　742. 马营 11 号烽火台 130732353201170742

743. 马营 12 号烽火台 130732353201170743

744. 马营 13 号烽火台 130732353201170744

745. 李家窑 01 号烽火台 130732353201170745

746. 三里墩 01 号烽火台 130732353201170746

747. 三里墩 02 号烽火台 130732353201170747

748. 松树堡 01 号烽火台 130732353201170748

749. 松树堡 02 号烽火台 130732353201170749

750. 松树堡 03 号烽火台 130732353201170750

751.松树堡 04 号烽火台 13073235320117 0751

752.松树堡 05 号烽火台 13073235320117 0752

753.二队沟 01 号烽火台 13073235320117 0753

754.大杏叶 01 号烽火台 13073235320117 0754

755.大杏叶 02 号烽火台 13073235320117 0755

756.正北沟 01 号烽火台 13073235320117 0756

757.正北沟 02 号烽火台 13073235320117 0757

758.正北沟 03 号烽火台 13073235320117 0758

759.海家窑 01 号烽火台 130732353201170759

760.榆树窑 01 号烽火台 130732353201170760

761.张木匠沟 01 号烽火台 130732353201170761

762.张木匠沟 02 号烽火台 130732353201170762

763.君子堡 01 号烽火台 130732353201170763

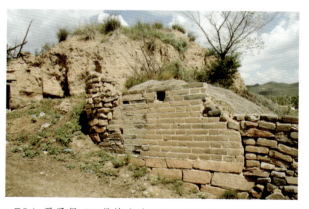

764.君子堡 02 号烽火台 130732353201170764

765.君子堡 03 号烽火台 130732353201170765

766.君子堡 04 号烽火台 130732353201170766

767. 君子堡 05 号烽火台 130732353201170767

768. 君子堡 06 号烽火台 130732353201170768

769. 君子堡 07 号烽火台 130732353201170769

770. 君子堡 08 号烽火台 130732353201170770

771. 君子堡 09 号烽火台 130732353201170771

772. 君子堡 10 号烽火台 130732353201170772

773. 君子堡 11 号烽火台 130732353201170773

774. 石家西山 01 号烽火台 130732353201170774

775.满家沟 01 号烽火台 130732353201170775　　776.卞家堡 01 号烽火台 130732353201170776

777.卞家堡 02 号烽火台 130732353201170777　　778.卞家堡 03 号烽火台 130732353201170778

779.柳家窑 01 号烽火台 130732353201170779　　780.柳家窑 02 号烽火台 130732353201170780

781.宋家窑 01 号烽火台 130732353201170781　　782.宋家窑 02 号烽火台 130732353201170782

783. 宋家窑 03 号烽火台 130732353201170783

784. 宋家窑 04 号烽火台 130732353201170784

785. 牌楼沟 01 号烽火台 130732353201170785

786. 红石崖 01 号烽火台 130732353201170786

787. 汤子坡 01 号烽火台 130732353201170787

788. 汤子坡 02 号烽火台 130732353201170788

789. 汤子坡 03 号烽火台 130732353201170789

790. 胡家堡 01 号烽火台 130732353201170790

791. 胡家堡 02 号烽火台 130732353201170791　　792. 大湾 01 号烽火台 130732353201170792

793. 大湾 02 号烽火台 130732353201170793　　794. 马家窑 01 号烽火台 130732353201170794

795. 大梁底 01 号烽火台 130732353201170795　　796. 大梁底 02 号烽火台 130732353201170796

797. 石板 01 号烽火台 130732353201170797　　798. 三岔口 01 号烽火台 130732353201170798

799. 三岔口 02 号烽火台 130732353201170799

800. 明岔东 01 号烽火台 130732353201170800

801. 明岔东 02 号烽火台 130732353201170801

802. 明岔东 03 号烽火台 130732353201170802

803. 孟家窑村 01 号烽火台 130732353201170803

804. 青羊沟 01 号烽火台 130732353201170804

805. 北栅子南 01 号烽火台 130732353201170805

806. 北栅子南 02 号烽火台 130732353201170806

807.栅子口西 01 号烽火台 13073235320117 0807

808.楼房窑 01 号烽火台 13073235320117 0808

809.楼房窑 02 号烽火台 13073235320117 0809

810.楼房窑 03 号烽火台 13073235320117 0810

811.楼房窑 04 号烽火台 13073235320117 0811

812.楼房窑 05 号烽火台 13073235320117 0812

813.楼房窑 06 号烽火台 13073235320117 0813

814.独石口 01 号烽火台 13073235320117 0814

815. 独石口 02 号烽火台 130732353201170815

816. 独石口 03 号烽火台 130732353201170816

817. 独石口 04 号烽火台 130732353201170817

818. 独石口 05 号烽火台 130732353201170818

819. 独石口 06 号烽火台 130732353201170819

820. 独石口 07 号烽火台 130732353201170820

821. 独石口 08 号烽火台 130732353201170821

822. 独石口 09 号烽火台 130732353201170822

823. 独石口 10 号烽火台 130732353201170823　　824. 独石口 11 号烽火台 130732353201170824

825. 西瓦窑 01 号烽火台 130732353201170825　　826. 西瓦窑 02 号烽火台 130732353201170826

827. 康家窑 01 号烽火台 130732353201170827　　828. 康家窑 02 号烽火台 130732353201170828

829. 董家窑 01 号烽火台 130732353201170829　　830. 观音堂 01 号烽火台 130732353201170830

831. 观音堂 02 号烽火台 1307323532011170831

832. 观音堂 03 号烽火台 1307323532011170832

833. 水磨 01 号烽火台 1307323532011170833

834. 麻地墩 01 号烽火台 1307323532011170834

835. 头堡子 01 号烽火台 1307323532011170835

836. 头堡子 02 号烽火台 1307323532011170836

837. 头堡子 03 号烽火台 1307323532011170837

838. 沿家沟 01 号烽火台 1307323532011170838

839.沿家沟 02 号烽火台 130732353201170839

840.古城梁 01 号烽火台 130732353201170840

841.冯家窑 01 号烽火台 130732353201170841

842.冯家窑 02 号烽火台 130732353201170842

843.三山嵯 01 号烽火台 130732353201170843

844.三山 01 号烽火台 130732353201170844

845.三山 02 号烽火台 130732353201170845

846.南永庆 01 号烽火台 130732353201170846

847. 南永庆 02 号烽火台 130732353201170847

848. 猫峪 01 号烽火台 130732353201170848

849. 猫峪 02 号烽火台 130732353201170849

850. 猫峪 03 号烽火台 130732353201170850

851. 张皮沟 01 号烽火台 130732353201170851

852. 白银沟 01 号烽火台 130732353201170852

853. 白银沟 02 号烽火台 130732353201170853

854. 新墩 01 号烽火台 130732353201170854

855.青泉堡 01 号烽火台 130732353201170855　　856.青泉堡 02 号烽火台 130732353201170856

857.青泉堡 03 号烽火台 130732353201170857　　858.宋家 01 号烽火台 130732353201170858

859.宋家 02 号烽火台 130732353201170859　　860.宋家 03 号烽火台 130732353201170860

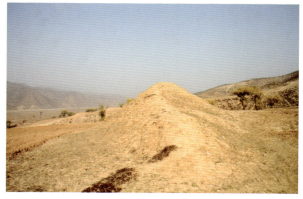

861.常家窑 01 号烽火台 130732353201170861　　862.安家窑东 01 号烽火台 130732353201170862

863.栅子坡 01 号烽火台 130732353201170863　　864.陈家窑 01 号烽火台 130732353201170864

865.石板沟 01 号烽火台 130732353201170865　　866.陈家窑 02 号烽火台 130732353201170866

867.冰山梁顶 01 号烽火台 130732353201170867　　868.冰山梁顶 02 号烽火台 130732353201170868

869.冰山梁顶 03 号烽火台 130732353201170869　　870.冰山梁顶 04 号烽火台 130732353201170870

871.云州水库 05 号烽火台 130732353201170871

872.仓上堡 04 号烽火台 130732353201170872

873.仓上堡 05 号烽火台 130732353201170873

874.仓上堡 06 号烽火台 130732353201170874

875.西坡东 01 号烽火台 130732353201170875

876.大水坑 01 号烽火台 130732353201170876

877.栅子口 08 号烽火台 130732353201170877

878.红山咀东 01 号烽火台 130732353201170878

879. 刀楼嵯烽火台 130732353201170879

880. 缸房窑 01 号烽火台 130732353201170880

881. 正北沟东北 01 号烽火台 130732353201170881

882. 大京门西 01 号烽火台 130732353201170882

883. 大京门西北 02 号烽火台 130732353201170883

884. 富山 01 号烽火台 130732353201170884

885. 富山 02 号烽火台 130732353201170885

886. 富山 03 号烽火台 130732353201170886

887.灯盏碗子沟 01 号烽火台 130732353201170887　　888.长梁东山 01 号烽火台 130732353201170888

889.长梁东山 02 号烽火台 130732353201170889　　890.长梁东山 03 号烽火台 130732353201170890

891.长梁东山 04 号烽火台 130732353201170891　　892.长梁东山 05 号烽火台 130732353201170892

893.长梁东山 06 号烽火台 130732353201170893　　894.长梁东山 07 号烽火台 130732353201170894

895. 长梁东山 08 号烽火台 130732353201170895

896. 炭窑东 01 号烽火台 130732353201170896

897. 炭窑东 02 号烽火台 130732353201170897

898. 南厂南 01 号烽火台 130732353201170898

899. 南厂南 02 号烽火台 130732353201170899

900. 南厂南 03 号烽火台 130732353201170900

901. 南厂南 04 号烽火台 130732353201170901

902. 马连口 2 段 1 号敌台 130732352101170902

903. 马连口 2 段 2 号敌台 13073235 2101170903

904. 马连口 2 段 3 号敌台 13073235 2101170904

905. 马连口 2 段 4 号敌台 13073235 2101170905

906. 马连口 2 段 5 号敌台 13073235 2101170906

907. 马连口 2 段 6 号敌台 13073235 2101170907

908. 马连口 2 段 7 号敌台 13073235 2101170908

909. 张家窑村 1 号敌台 13073235 2101170909

910. 张家窑村 2 号敌台 13073235 2101170910

911. 南窑 1 号敌台 130732352101170911

912. 南窑村 2 号敌台 130732352101170912

913. 南窑 3 号敌台 130732352101170913

914. 南窑 4 号敌台 130732352101170914

915. 海家窑 1 号敌台 130732352101170915

916. 海家窑 2 号敌台 130732352101170916

917. 海家窑 3 号敌台 130732352101170917

918. 海家窑 4 号敌台 130732352101170918

919. 庄科村 1 号敌台 130732352101170919

920. 庄科村 2 号敌台 130732352101170920

921. 棋盘垴村 1 号敌台 130732352101170921

922. 桦林东 1 号敌台 130732352101170922

923. 桦林东 2 号敌台 130732352101170923

924. 桦林东 3 号敌台 130732352101170924

925. 马连口 2 段 1 号烽火台 130732353201170925

926. 马连口 2 段 2 号烽火台 130732353201170926

927.马连口2段3号烽火台130732353201170927

928.马连口2段4号烽火台130732353201170928

929.马连口2段5号烽火台130732353201170929

930.张家窑1号烽火台130732353201170930

931.张家窑2号烽火台130732353201170931

932.南窑1号烽火台130732353201170932

933.南窑2号烽火台130732353201170933

934.南窑3号烽火台130732353201170934

935. 南窑 4 号烽火台 130732353201170935

936. 南窑 5 号烽火台 130732353201170936

937. 南窑 6 号烽火台 130732353201170937

938. 南窑 7 号烽火台 130732353201170938

939. 海家窑 1 号烽火台 130732353201170939

940. 海家窑 2 号烽火台 130732353201170940

941. 海家窑 3 号烽火台 130732353201170941

942. 海家窑 4 号烽火台 130732353201170942

943.海家窑 5 号烽火台 130732353201170943

944.海家窑 6 号烽火台 130732353201170944

945.海家窑 7 号烽火台 130732353201170945

946.四方东 1 号烽火台 130732353201170946

947.四方东 2 号烽火台 130732353201170947

948.四方东 3 号烽火台 130732353201170948

949.四方东 4 号烽火台 130732353201170949

950.里界墙 1 号烽火台 130732353201170950

951.里界墙 2 号烽火台 130732353201170951

952.里界墙 3 号烽火台 130732353201170952

953.里界墙 4 号烽火台 130732353201170953

954.二道埝 1 号烽火台 130732353201170954

955.二道埝 2 号烽火台 130732353201170955

956.二道埝 3 号烽火台 130732353201170956

957.二道埝 4 号烽火台 130732353201170957

958.里窑沟 1 号烽火台 130732353201170958

959.青虎沟 7 号烽火台 130732353201170959

960.青虎沟 8 号烽火台 130732353201170960

961.青虎沟 9 号烽火台 130732353201170961

962.青虎沟 10 号烽火台 130732353201170962

963.青虎沟 11 号烽火台 130732353201170963

964.四东沟 7 号烽火台 130732353201170964

965.四东沟 2 号烽火台 130732353201170965

966.四东沟 3 号烽火台 130732353201170966

967. 四东沟 4 号烽火台 130732353201170967

968. 大边 1 号烽火台 130732353201170968

969. 大边 2 号烽火台 130732353201170969

970. 大边 3 号烽火台 130732353201170970

971. 大边 4 号烽火台 130732353201170971

972. 大边 5 号烽火台 130732353201170972

973. 边墙底 1 号烽火台 130732353201170973

974. 边墙底 2 号烽火台 130732353201170974

975. 边墙底 3 号烽火台 13073235320117 0975

976. 边墙底 4 号烽火台 13073235320117 0976

977. 边墙底 5 号烽火台 13073235320117 0977

978. 边墙底 6 号烽火台 13073235320117 0978

979. 边墙底 7 号烽火台 13073235320117 0979

980. 边墙底 8 号烽火台 13073235320117 0980

981. 边墙底 9 号烽火台 13073235320117 0981

982. 边墙底 10 号烽火台 13073235320117 0982

983.边墙底 11 号烽火台 13073235320117 0983

984.岔沟梁牧场 1 号烽火台 13073235320117 0984

985.岔沟梁牧场 2 号烽火台 13073235320117 0985

986.岔沟梁牧场 3 号烽火台 13073235320117 0986

987.岔沟梁牧场 4 号烽火台 13073235320117 0987

988.岔沟梁牧场 5 号烽火台 13073235320117 0988

989.岔沟梁牧场 6 号烽火台 13073235320117 0989

990.岔沟梁牧场 7 号烽火台 13073235320117 0990

991.岔沟梁牧场 8 号烽火台 130732353201170991

992.岔沟梁牧场 9 号烽火台 130732353201170992

993.岔沟梁牧场 10 号烽火台 130732353201170993

994.松林背 1 号烽火台 130732353201170994

995.桦林东 1 号烽火台 130732353201170995

996.桦林东 2 号烽火台 130732353201170996

997.桦林东 3 号烽火台 130732353201170997

998.桦林东 4 号烽火台 130732353201170998

999. 桦林东 5 号烽火台 130732353201170999

1000. 桦林东 6 号烽火台 130732353201171000

1001. 桦林 7 号烽火台 130732353201171001

1002. 营岔 1 号烽火台 130732353201171002

1003. 营岔 2 号烽火台 130732353201171003

1004. 营岔 3 号烽火台 130732353201171004

1005. 营岔 4 号烽火台 130732353201171005

1006. 营岔 5 号烽火台 130732353201171006

1007. 营岔 6 号烽火台 130732353201171007

1008. 营岔 7 号烽火台 130732353201171008

1009. 营岔 8 号烽火台 130732353201171009

1010. 营岔 9 号烽火台 130732353201171010

1011. 营岔 10 号烽火台 130732353201171011

1012. 营岔 11 号烽火台 130732353201171012

1013. 上水泉 1 号烽火台 130732353201171013

1014. 上水泉 2 号烽火台 130732353201171014

1015. 上水泉 3 号烽火台 130732353201171015

1016. 上水泉 4 号烽火台 130732353201171016

1017. 禾湾 1 号烽火台 130732353201171017

1018. 禾湾 2 号烽火台 130732353201171018

1019. 禾湾 3 号烽火台 130732353201171019

1020. 禾湾 4 号烽火台 130732353201171020

1021. 禾湾 5 号烽火台 130732353201171021

1022. 禾湾 6 号烽火台 130732353201171022

1023.夭湾 7 号烽火台 130732353201171023

1024.马驹沟 1 号烽火台 130732353201171024

1025.马驹沟 2 号烽火台 130732353201171025

1026.马驹沟 3 号烽火台 130732353201171026

1027.马驹沟 4 号烽火台 130732353201171027

1028.马驹沟 5 号烽火台 130732353201171028

1029.马驹沟 6 号烽火台 130732353201171029

1030.转山 1 号烽火台 130732353201171030

1031. 方家沟 1 号烽火台 130732353201171031

1032. 方家沟 2 号烽火台 130732353201171032

1033. 方家沟 3 号烽火台 130732353201171033

1034. 赵家沟 1 号烽火台 130732353201171034

1035. 赵家沟 2 号烽火台 130732353201171035

1036. 赵家沟 3 号烽火台 130732353201171036

1037. 赵家沟 4 号烽火台 130732353201171037

1038. 松树堡西 1 号烽火台 130732353201171038

1039.松树堡西2号烽火台 130732353201171039

1040.新洞坑1号烽火台 130732353201171040

1041.新洞坑2号烽火台 130732353201171041

1042.砖楼1号烽火台 130732353201171042

1043.砖楼2号烽火台 130732353201171043

1044.砖楼3号烽火台 130732353201171044

1045.砖楼4号烽火台 130732353201171045

1046.砖楼5号烽火台 130732353201171046

1047. 砖楼 6 号烽火台 130732353201171047

1048. 砖楼 7 号烽火台 130732353201171048

1049. 砖楼 8 号烽火台 130732353201171049

1050. 砖楼 9 号烽火台 130732353201171050

1051. 砖楼 10 号烽火台 130732353201171051

1052. 砖楼 11 号烽火台 130732353201171052

1053. 砖楼 12 号烽火台 130732353201171053

1054. 砖楼 13 号烽火台 130732353201171054

1055. 砖楼 14 号烽火台 130732353201171055

1056. 砖楼 15 号烽火台 130732353201171056

1057. 北栅子 1 号烽火台 130732353201171057

1058. 北栅子 2 号烽火台 130732353201171058

1059. 北栅子 3 号烽火台 130732353201171059

1060. 北栅子 4 号烽火台 130732353201171060

1061. 北栅子 5 号烽火台 130732353201171061

1062. 北栅子 6 号烽火台 130732353201171062

1063. 北栅子 7 号烽火台 13073235320117 1063

1064. 里口 1 号烽火台 13073235320117 1064

1065. 石垛口 1 号烽火台 13073235320117 1065

1066. 石垛口 2 号烽火台 13073235320117 1066

1067. 石垛口 3 号烽火台 13073235320117 1067

1068. 石垛口 4 号烽火台 13073235320117 1068

1069. 石垛口 5 号烽火台 13073235320117 1069

1070. 石垛口 6 号烽火台 13073235320117 1070

1071. 白家窑 1 号烽火台 130732353201171071

1072. 白家窑 2 号烽火台 130732353201171072

1073. 上何家窑 1 号烽火台 130732353201171073

1074. 上何家窑 2 号烽火台 130732353201171074

1075. 金家庄 1 号烽火台 130732353201171075

1076. 金家庄 2 号烽火台 130732353201171076

1077. 金家庄 3 号烽火台 130732353201171077

1078. 金家庄 4 号烽火台 130732353201171078

1079. 金家庄 5 号烽火台 130732353201171079

1080. 金家庄 6 号烽火台 130732353201171080

1081. 金家庄 7 号烽火台 130732353201171081

1082. 金家庄 8 号烽火台 130732353201171082

1083. 金家庄 9 号烽火台 130732353201171083

1084. 金家庄 10 号烽火台 130732353201171084

1085. 西水沟 1 号烽火台 130732353201171085

1086. 西水沟 2 号烽火台 130732353201171086

1087. 西水沟 3 号烽火台 130732353201171087

1088. 炮梁乡小张家口 1 号烽火台 130732353201171088

1089. 炮梁乡东流水沟 1 号烽火台 130732353201171089

1090. 炮梁乡东流水沟 2 号烽火台 130732353201171090

1091. 炮梁乡小雀沟 1 号烽火台 130732353201171091

1092. 炮梁乡小雀沟 2 号烽火台 130732353201171092

1093. 炮梁乡小雀沟 3 号烽火台 130732353201171093

1094. 炮梁乡小雀沟 4 号烽火台 130732353201171094

1095.炮梁乡火石窑1号烽火台 130732353201171095

1096.炮梁乡火石窑2号烽火台 130732353201171096

1097.赤城县县城1号烽火台 130732353201171097

1098.赤城县县城2号烽火台 130732353201171098

1099.赤城县县城3号烽火台 130732353201171099

1100.岭后1号烽火台 130732353201171100

1101.岭后2号烽火台 130732353201171101

1102.浩门岭新1号烽火台 130732353201171102

1103. 浩门岭新 2 号烽火台 130732353201171103

1104. 浩门岭新 3 号烽火台 130732353201171104

1105. 小营 1 号烽火台 130732353201171105

1106. 小营 2 号烽火台 130732353201171106

1107. 小营 3 号烽火台 130732353201171107

1108. 郑家庄 1 号烽火台 130732353201171108

1109. 郑家庄 2 号烽火台 130732353201171109

1110. 塘坊 1 号烽火台 130732353201171110

1111. 塘坊 2 号烽火台 130732353201171111

1112. 塘坊 3 号烽火台 130732353201171112

1113. 塘坊 4 号烽火台 130732353201171113

1114. 沤麻坑 1 号烽火台 130732353201171114

1115. 于家沟 1 号烽火台 130732353201171115

1116. 于家沟 2 号烽火台 130732353201171116

1117. 剪子岭 1 号烽火台 130732353201171117

1118. 剪子岭 2 号烽火台 130732353201171118

1119. 剪子岭 3 号烽火台 130732353201171119

1120. 炮梁 1 号烽火台 130732353201171120

1121. 炮梁 2 号烽火台 130732353201171121

1122. 炮梁 3 号烽火台 130732353201171122

1123. 大岭堡 1 号烽火台 130732353201171123

1124. 大岭堡 2 号烽火台 130732353201171124

1125. 大岭堡 3 号烽火台 130732353201171125

1126. 九棵树 1 号烽火台 130732353201171126

1127. 九棵树 2 号烽火台 130732353201171127

1128. 炮梁乡韩庄 1 号烽火台 130732353201171128

1129. 三岔口 1 号烽火台 130732353201171129

1130. 三岔口 2 号烽火台 130732353201171130

1131. 三岔口 3 号烽火台 130732353201171131

1132. 三岔口 4 号烽火台 130732353201171132

1133. 八里庄 1 号烽火台 130732353201171133

1134. 八里庄 2 号烽火台 130732353201171134

1135.常家窑1号烽火台 130732353201171135

1136.常家窑2号烽火台 130732353201171136

1137.常家窑3号烽火台 130732353201171137

1138.武家窑1号烽火台 130732353201171138

1139.周村1号烽火台 130732353201171139

1140.周村2号烽火台 130732353201171140

1141.盘道1号烽火台 130732353201171141

1142.前所村1号烽火台 130732353201171142

1143. 前所 2 号烽火台 130732353201171143

1144. 前所 3 号烽火台 130732353201171144

1145. 前所 4 号烽火台 130732353201171145

1146. 龙关 1 号烽火台 130732353201171146

1147. 龙关 2 号烽火台 130732353201171147

1148. 龙关 3 号烽火台 130732353201171148

1149. 龙关 4 号烽火台 130732353201171149

1150. 龙关 5 号烽火台 130732353201171150

1151. 椴木沟 1 号烽火台 130732353201171151

1152. 椴木沟 2 号烽火台 130732353201171152

1153. 椴木沟 3 号烽火台 130732353201171153

1154. 上虎 1 号烽火台 130732353201171154

1155. 上虎 2 号烽火台 130732353201171155

1156. 上虎 3 号烽火台 130732353201171156

1157. 屯军堡 1 号烽火台 130732353201171157

1158. 屯军堡 2 号烽火台 130732353201171158

1159. 屯军堡 3 号烽火台 130732353201171159

1160. 屯军堡 4 号烽火台 130732353201171160

1161. 屯军堡 5 号烽火台 130732353201171161

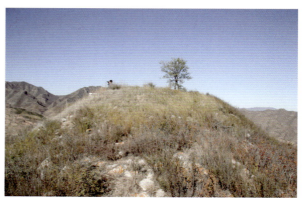

1162. 屯军堡 6 号烽火台 130732353201171162

1163. 屯军堡 7 号烽火台 130732353201171163

1164. 屯军堡 8 号烽火台 130732353201171164

1165. 张四沟 1 号烽火台 130732353201171165

1166. 张四沟 2 号烽火台 130732353201171166

1167. 张四沟 3 号烽火台 130732353201171167

1168. 张四沟 4 号烽火台 130732353201171168

1169. 大仓 1 号烽火台 130732353201171169

1170. 大仓 2 号烽火台 130732353201171170

1171. 大仓 3 号烽火台 130732353201171171

1172. 大仓 4 号烽火台 130732353201171172

1173. 大仓 5 号烽火台 130732353201171173

1174. 王良堡 1 号烽火台 130732353201171174

1175. 王良堡 2 号烽火台 130732353201171175

1176. 康庄 1 号烽火台 130732353201171176

1177. 康庄 2 号烽火台 130732353201171177

1178. 雕鹗 1 号烽火台 130732353201171178

1179. 雕鹗 2 号烽火台 130732353201171179

1180. 雕鹗 3 号烽火台 130732353201171180

1181. 雕鹗 4 号烽火台 130732353201171181

1182. 雕鹗 5 号烽火台 130732353201171182

1183. 雕鹗 6 号烽火台 130732353201171183　　　1184. 雕鹗 7 号烽火台 130732353201171184

1185. 雕鹗 8 号烽火台 130732353201171185　　　1186. 雕鹗 9 号烽火台 130732353201171186

1187. 雕鹗 10 号烽火台 130732353201171187　　　1188. 雕鹗 11 号烽火台 130732353201171188

1189. 雕鹗 12 号烽火台 130732353201171189　　　1190. 雕鹗 13 号烽火台 130732353201171190

1191. 雕鹗 14 号烽火台 130732353201171191

1192. 雕鹗 15 号烽火台 130732353201171192

1193. 雕鹗 16 号烽火台 130732353201171193

1194. 黎家窑 1 号烽火台 130732353201171194

1195. 石家窑 1 号烽火台 130732353201171195

1196. 石家窑 2 号烽火台 130732353201171196

1197. 东新堡 1 号烽火台 130732353201171197

1198. 东新堡 2 号烽火台 130732353201171198

1199.孙庄1号烽火台 130732353201171199

1200.孙庄2号烽火台 130732353201171200

1201.孙庄3号烽火台 130732353201171201

1202.尤庄1号烽火台 130732353201171202

1203.小雕鹗村1号烽火台 130732353201171203

1204.小雕鹗2号烽火台 130732353201171204

1205.下虎1号烽火台 130732353201171205

1206.大榆树1号烽火台 130732353201171206

1207. 大榆树 2 号烽火台 130732353201171207　　1208. 大榆树 3 号烽火台 130732353201171208

1209. 朱家窑 1 号烽火台 130732353201171209　　1210. 朱家窑 2 号烽火台 130732353201171210

1211. 行字铺 1 号烽火台 130732353201171211　　1212. 东山庙 1 号烽火台 130732353201171212

1213. 东山庙 2 号烽火台 130732353201171213　　1214. 东山庙 3 号烽火台 130732353201171214

1215.东山庙 4 号烽火台 130732353201171215

1216.南埌 1 号烽火台 130732353201171216

1217.马家堡 1 号烽火台 130732353201171217

1218.马家堡 2 号烽火台 130732353201171218

1219.马家堡 3 烽火台 130732353201171219

1220.马家堡 4 烽火台 130732353201171220

1221.郭家窑 1 号烽火台 130732353201171221

1222.郭家窑 2 号烽火台 130732353201171222

1223. 大鹰窝沟 1 号烽火台 130732353201171223

1224. 二道洼 1 号烽火台 130732353201171224

1225. 二道洼 2 号烽火台 130732353201171225

1226. 锁阳关 1 号烽火台 130732353201171226

1227. 蔡庄子村 1 号烽火台 130732353201171227

1228. 王家窑 1 号烽火台 130732353201171228

1229. 卧虎山 1 号烽火台 130732353201171229

1230. 上仓 1 号烽火台 130732353201171230

1231. 上仓 2 号烽火台 130732353201171231

1232. 高栅子 1 号烽火台 130732353201171232

1233. 高栅子 2 号烽火台 130732353201171233

1234. 高栅子 3 号烽火台 130732353201171234

1235. 龙拔石 1 号烽火台 130732353201171235

1236. 三河堡 1 号烽火台 130732353201171236

1237. 杨家窑 1 号烽火台 130732353201171237

1238. 上斗营 1 号烽火台 130732353201171238

1239. 上斗营 2 号烽火台 130732353201171239

1240. 上斗营 3 号烽火台 130732353201171240

1241. 上斗营 4 号烽火台 130732353201171241

1242. 上斗营 5 号烽火台 130732353201171242

1243. 小庄科 1 号烽火台 130732353201171243

1244. 小庄科 2 号烽火台 130732353201171244

1245. 小庄科 3 号烽火台 130732353201171245

1246. 小庄科 4 号烽火台 130732353201171246

1247. 海家窑马面 01 号 130732352102171247

1248. 禾湾马面 01 号 130732352102171248

1249. 禾湾马面 02 号 130732352102171249

1250. 禾湾马面 03 号 130732352102171250

1251. 禾湾马面 04 号 130732352102171251

1252. 前所马面 01 号 130732352102171252

1253. 前所马面 02 号 130732352102171253

1254. 前所马面 03 号 130732352102171254

1255. 前所马面 04 号 1307323521021711255

1256. 龙关镇周村马面 01 号 1307323521021711256

1257. 龙关镇周村马面 02 号 1307323521021711257

1258. 龙关镇周村马面 03 号 1307323521021711258

1259. 八里庄村马面 01 号 1307323521021711259

1260. 八里庄村马面 02 号 1307323521021711260

1261. 八里庄村马面 03 号 1307323521021711261

1262. 八里庄马面 04 号 1307323521021711262

1263. 八里庄马面 05 号 130723352102171263

1264. 八里庄马面 06 号 130723352102171264

1265. 八里庄马面 07 号 130723352102171265

1266. 八里庄马面 08 号 130723352102171266

1267. 八里庄马面 09 号 130723352102171267

1268. 八里庄马面 10 号 130723352102171268

1269. 八里庄马面 11 号 130723352102171269

1270. 八里庄马面 12 号 130723352102171270

1271. 八里庄马面 13 号 1307323521021711271

1272. 八里庄马面 14 号 130732352102171272

1273. 三岔口村马面 01 号 130732352102171273

1274. 三岔口村马面 02 号 130732352102171274

1275. 三岔口村马面 03 号 130732352102171275

1276. 三岔口村马面 04 号 130732352102171276

1277. 三岔口村马面 05 号 130732352102171277

1278. 三岔口村马面 06 号 130732352102171278

1279. 三岔口村马面 07 号 130732352102171279

1280. 三岔口村马面 08 号 130732352102171280

1281. 上虎马面 01 号 130732352102171281

1282. 上虎马面 02 号 130732352102171282

1283. 上虎马面 03 号 130732352102171283

1284. 上虎马面 04 号 130732352102171284

1285. 上虎村马面 05 号 130732352102171285

1286. 上虎马面 06 号 130732352102171286

1287.上虎马面 07 号 1307323521102171287

1288.上虎马面 08 号 1307323521102171288

1289.上虎马面 09 号 1307323521102171289

1290.康庄马面 01 号 1307323521102171290

1291.康庄马面 02 号 1307323521102171291

1292.康庄马面 03 号 1307323521102171292

1293.康庄马面 04 号 1307323521102171293

1294.康庄马面 05 号 1307323521102171294

1295.康庄马面 06 号 1307323521021711295　　1296.康庄马面 07 号 1307323521021711296

（三）关堡

1.下堡城堡 130732353102170001

2.常胜庄城堡 130732353102170002

3.后城城堡 130732353102170003

5.上堡城堡 130732353102170005

4.青罗口城堡 1307323531021 70004

6.长伸地城堡 1307323531021 70006

7.龙门所城堡 13073235 3102170007

8.牧马堡城堡 13073235 3102170008

9.蒋家堡城堡 13073235 3102170009　　　　10.样田城堡 13073235 3102170010

11.兴仁堡城堡 13073235 3102170011　　　　12.镇宁堡城堡 13073235 3102170012

13. 中所城堡 130732353102170013

14. 小堡子营城 130732353102170014

15. 刘庄营城 130732353102170015

16. 双山寨营城 130732353102170016

17. 头堡子营城 130732353102170017

18. 镇宁堡营城 130732353102170018

19. 正阳墩营城 1307323531102170019

20. 西栅子营城 1307323531102170020

21. 独石口卫城 1307323531102170021

22. 半壁店堡 130732353102170022　　　　23. 猫峪堡 130732353102170023

24. 三山堡城 130732353102170024

25. 旧站堡 130732353102170025

26.云州堡 1307323531102170026

27.青泉堡堡 1307323531102170027

28. 镇安堡堡 130732353102170028

29. 君子堡堡 130732353102170029

30. 卞家堡堡 1307323531021 70030

31. 马营堡 130732353102170031

32. 松树堡 130732353102170032

33. 羊坊堡 130732353102170033

34.仓上堡 13073235310217 0034

35.吕和堡 1307323531 02170035

36.黄土岭堡 1307323531 02170036

37.夏家村城堡 1307323531 02170037

38. 中堡 130732353102170038

39. 三岔口城堡 130732353102170039

40. 龙关城堡 130732353102170040

41. 玉泉堡 1307323531102170041

42. 周村堡 1307323531102170042

43.金家庄城堡 130732353102170043

44.东山庙堡 130732353102170044

45.赤城城堡 130732353102170045

46.里口村堡 130732353102170046

47. 大岭堡城堡 130732353102170047

48. 南仓堡 130732353102170048

49. 郭庄子堡 1307323531021770049

50. 雕鄂堡 1307323531021770050

51. 小营东堡 130732353102170051

52. 屯军堡城堡 130732353102170052

53. 破楼城堡 130732353102170053

54. 士英堡西堡 130732353102170054

55. 士英堡东堡 1307323531102170055

56. 小营堡 1307323531102170056

57. 王良堡营堡 1307323531102170057

58. 水碾堡 1307323531102170058

59.镇川堡堡城 130732353102170059

60.姜家寨 130732353102170060

61.北栅子堡 1307323531021700061

（四）相关遗存

1.赤城县后城窑址 01 号 130732354102170001

2.赤城县后城窑址 02 号 130732354102170002

3.赤城县后城窑址 03 号 130732354102170003

4.赤城县龙门所窑址 01 号 130732354102170004

5.赤城县龙门所窑址 02 号 13073235410217000

6.独石口砖瓦窑遗址 01 号 130732354102170006

沽源县

（一）墙体

1. 南厂长城 1 段 130724382106170001

2. 南厂长城 2 段 130724382102170002

3. 南厂长城 3 段 130724382105170003

4. 南厂长城 4 段 130724382102170004

5. 南厂长城 5 段 130724382102170005

6. 南厂长城 6 段 130724382301170006

7. 南厂长城 7 段 130724382102170007

8. 南厂长城 8 段 130724382105170008

9. 南厂长城 9 段 130724382102170009

10. 南厂长城 10 段 130724382105170010

11. 黄花梁长城 1 段 130724382102170011

12. 黄花梁长城 2 段 130724382106170012

13. 黄花梁长城 3 段 130724382102170013

14. 李家营南山长城 130724382102170014

15. 西沟长城 130724382102170015

16. 阳坡长城 130724382102170016

17.椴木梁长城 130724382102170017

18.椴木梁北侧长城 130724382102170018

19.椴木梁长城支线 130724382102170019

20.西湾东侧长城 130724382102170020

21.西湾长城 130724382102170021

22.西湾西侧长城 130724382102170022

23.东碾盘沟长城 130724382102170023

24.大石门长城 130724382102170024

25.大石门西沟长城 130724382102170025

26.鸡冠山长城 1 段 130724382106170026

27.鸡冠山长城 2 段 130724382102170027

28.鸡冠山长城 3 段 130724382102170028

29.八塔沟长城 1 段 130724382102170029

30.八塔沟长城 2 段 130724382106170030

31.八塔沟长城 3 段 130724382102170031

32.八塔沟长城 4 段 130724382106170032

33. 八塔沟长城 5 段 130724382102170033

34. 刀楞山长城 1 段 130724382102170034

35. 刀楞山长城 2 段 130724382106170035

36. 刀楞山长城 3 段 130724382102170036

37. 刀楞山长城 4 段 130724382106170037

38. 刀楞山长城 5 段 130724382102170038

（二）单体

1. 南厂 05 号烽火台 13072435320117 0001

2. 南厂 06 号烽火台 13072435320117 0002

3. 南厂 07 号烽火台 13072435320117 0003

4. 南厂 08 号烽火台 13072435320117 0004

5. 南厂 09 号烽火台 13072435320117 0005

6. 南厂 10 号烽火台 13072435320117 0006

7. 南厂 11 号烽火台 13072435320117 0007

8. 黄花梁 01 号烽火台 13072435320117 0008

9.黄花梁 02 号烽火台 130724353201170009

10.黄花梁 03 号烽火台 130724353201170010

11.黄花梁 04 号烽火台 130724353201170011

12.黄花梁 05 号烽火台 130724353201170012

13.黄花梁 06 号烽火台 130724353201170013

14.黄花梁 07 号烽火台 130724353201170014

15.黄花梁 08 号烽火台 130724353201170015

16.黄花梁 09 号烽火台 130724353201170016

17. 黄花梁 10 号烽火台 130724353201170017

18. 李家营南山 01 号烽火台 130724353201170018

19. 李家营南山 02 号烽火台 130724353201170019

20. 李家营南山 03 号烽火台 130724353201170020

21. 西沟 01 号烽火台 130724353201170021

22. 西沟 02 号烽火台 130724353201170022

23. 西沟 03 号烽火台 130724353201170023

24. 西沟 04 号烽火台 130724353201170024

25. 西沟 05 号烽火台 130724353201170025

26. 西沟 06 号烽火台 130724353201170026

27. 西沟 07 号烽火台 130724353201170027

28. 西沟 08 号烽火台 130724353201170028

29. 梁头 01 号烽火台 130724353201170029

30. 梁头 02 号烽火台 130724353201170030

31. 梁头 03 号烽火台 130724353201170031

32. 梁头 04 号烽火台 130724353201170032

33. 梁头 05 号烽火台 130724353201170033

34. 梁头 06 号烽火台 130724353201170034

35. 梁头 07 号烽火台 130724353201170035

36. 梁头 08 号烽火台 130724353201170036

37. 椴木梁 01 号烽火台 130724353201170037

38. 椴木梁 02 号烽火台 130724353201170038

39. 椴木梁 03 号烽火台 130724353201170039

40 南厂东 01 号烽火台 130724353201170040

41.平头梁 01 号烽火台 130724353201170041

42.平头梁 02 号烽火台 130724353201170042

43.平头梁 03 号烽火台 130724353201170043

44.干水河 01 号烽火台 130724353201170044

45.后坝头 01 号烽火台 130724353201170045

46.后坝头 02 号烽火台 130724353201170046

47.坑坑 01 号烽火台 130724353201170047

48.安家营 01 号烽火台 130724353201170048

49. 白菜沟 01 号烽火台 130724353201170049

50. 光明村 01 号烽火台 130724353201170050

51. 东井沟 01 号烽火台 130724353201170051

52. 东井沟 02 号烽火台 130724353201170052

53. 东井沟 03 号烽火台 130724353201170053

54. 梁后 01 号烽火台 130724353201170054

55. 沙坑 01 号烽火台 130724353201170055

56. 沙坑 02 号烽火台 130724353201170056

57.口道营 01 号烽火台 130724353201170057

58.常铁炉西 01 号烽火台 130724353201170058

59.段家营西沟梁尖 01 号烽火台 130724353201170059

60.闪电河 01 号烽火台 130724353201170060

61.马神庙 01 号烽火台 130724353201170061

62.椴木梁 01 号烽火台 130724353201170062

63.椴木梁 02 烽火台 130724353201170063

64.椴木梁 03 号烽火台 130724353201170064

65. 椴木梁 04 号烽火台 13072435320117 0065

66. 椴木梁 05 号烽火台 13072435320117 0066

67. 喇嘛洞 01 烽火台 13072435320117 0067

68. 喇嘛洞 02 烽火台 13072435320117 0068

69. 喇嘛洞 03 烽火台 13072435320117 0069

70. 喇嘛洞 04 烽火台 13072435320117 0070

71. 喇嘛洞 05 烽火台 13072435320117 0071

72. 车道洼 01 烽火台 13072435320117 0072

73. 车道洼 02 烽火台 130724353201170073

74. 车道洼 03 烽火台 130724353201170074

75. 车道洼 04 烽火台 130724353201170075

76. 车道洼 05 烽火台 130724353201170076

77. 水泉沟 01 烽火台 130724353201170077

78. 水泉沟 02 烽火台 130724353201170078

79. 水泉沟 03 烽火台 130724353201170079

80. 水泉沟 04 烽火台 130724353201170080

81. 西湾 01 烽火台 130724353201170081

82. 西湾 02 烽火台 130724353201170082

83. 西湾 03 烽火台 130724353201170083

84. 西湾 04 烽火台 130724353201170084

85. 西湾 05 烽火台 130724353201170085

86. 西湾 06 烽火台 130724353201170086

87. 西湾 07 烽火台 130724353201170087

88. 西湾 08 烽火台 130724353201170088

89.西湾 09 烽火台 130724353201170089

90.西湾 10 烽火台 130724353201170090

91.西湾 11 烽火台 130724353201170091

92.西湾 12 烽火台 130724353201170092

93.东碾盘沟 01 烽火台 130724353201170093

94.东碾盘沟 02 烽火台 130724353201170094

95.东碾盘沟 03 烽火台 130724353201170095

96.东碾盘沟 04 烽火台 130724353201170096

97. 东碾盘沟 05 烽火台 130724353201170097

98. 东碾盘沟 06 烽火台 130724353201170098

99. 东碾盘沟 07 烽火台 130724353201170099

100. 东碾盘沟 08 烽火台 130724353201170100

101. 东碾盘沟 09 烽火台 130724353201170101

102. 东碾盘沟 10 烽火台 130724353201170102

103. 东碾盘沟 11 号烽火台 130724353201170103

104. 东碾盘沟 12 号烽火台 130724353201170104

105.东碾盘沟 13 烽火台 130724353201170105

106.东碾盘沟 14 烽火台 130724353201170106

107.东碾盘沟 15 烽火台 130724353201170107

108.一座窑 01 烽火台 130724353201170108

109.一座窑 02 烽火台 130724353201170109

110.一座窑 03 烽火台 130724353201170110

111.一座窑 04 烽火台 130724353201170111

112.一座窑 05 烽火台 130724353201170112

113. 一座窑 06 烽火台 13072435320117 0113

114. 一座窑 07 号烽火台 13072435320117 0114

115. 一座窑 08 号烽火台 13072435320117 0115

116. 一座窑 09 号烽火台 13072435320117 0116

117. 一座窑 10 号烽火台 13072435320117 0117

118. 一座窑 11 号烽火台 13072435320117 0118

119. 大石门 01 号烽火台 13072435320117 0119

120. 大石门 02 号烽火台 13072435320117 0120

121.泉子沟 1 号烽火台 13072435320117 0121

122.近边沟烽火台 13072435320117 0122

123.洼墩梁烽火台 13072435320117 0123

124.脑包底烽火台 13072435320117 0124

125.大石门西沟 1 号烽火台 13072435320117 0125

126.大石门西沟 2 号烽火台 13072435320117 0126

127.大石门西沟 3 号烽火台 13072435320117 0127

128.大石门西沟 4 号烽火台 13072435320117 0128

129. 大石门西沟 5 号烽火台 13072435320117 0129

130. 大石门西沟 6 号烽火台 13072435320117 0130

131. 大石门西沟 7 号烽火台 13072435320117 0131

132. 大石门西沟 8 号烽火台 13072435320117 0132

133. 大石门西沟 9 号烽火台 13072435320117 0133

134. 鸡冠山 1 号烽火台 13072435320117 0134

135. 鸡冠山 2 号烽火台 13072435320117 0135

136. 鸡冠山 3 号烽火台 13072435320117 0136

137. 鸡冠山 4 号烽火台 130724353201170137

138. 鸡冠山 5 号烽火台 130724353201170138

139. 鸡冠山 6 号烽火台 130724353201170139

140. 鸡冠山 7 号烽火台 130724353201170140

141. 八塔沟 1 号烽火台 130724353201170141

142. 八塔沟 2 号烽火台 130724353201170142

143. 八塔沟 3 号烽火台 130724353201170143

144. 刀棱山 1 号烽火台 130724353201170144

145. 刀棱山 2 号烽火台 13072435320117 0145

146. 刀棱山 3 号烽火台 13072435320117 0146

147. 刀棱山 4 号烽火台 13072435320117 0147

148. 刀棱山 5 号烽火台 13072435320117 0148

149. 刀棱山 6 号烽火台 13072435320117 0149

150. 刀棱山 7 号烽火台 13072435320117 0150

151. 刀棱山 8 号烽火台 13072435320117 0151

152. 三棵树 1 号烽火台 13072435320117 0152

153. 同兴号 1 号烽火台 13072435320117 0153

154. 同兴号 2 号烽火台 13072435320117 0154

155. 同兴号 3 号烽火台 13072435320117 0155

156. 同兴号 4 号烽火台 13072435320117 0156

157. 同兴号 5 号烽火台 13072435320117 0157

158. 五保窑 1 号烽火台 13072435320117 0158

159. 五保窑 2 号烽火台 13072435320117 0159

160. 五保窑 3 号烽火台 13072435320117 0160

161. 五保窑 4 号烽火台 13072435320117 0161

162. 喇嘛洞 6 烽火台 13072435320117 0162

163. 庞家窑后梁 1 号烽火台 13072435320117 0163

164. 庞家窑 2 号烽火台 13072435320117 0164

165. 明镜沟 1 号烽火台 13072435320117 0165

166. 明镜沟 2 号烽火台 13072435320117 0166

167. 夏家梁南 1 号烽火台 13072435320117 0167

168. 冯家营南烽火台 13072435320117 0168

169.武家营 1 号烽火台 13072435320117
0169　　　　170.脑包山北烽火台 13072435320117
0170

（三）相关遗存

1. 大石门西沟采石场 130724354101170001

（一）墙体

1.水泉洼长城 1 段 130733382102170001

2.清五营长城 1 段 130733382102170002

3.清五营长城 2 段 130733382102170003

4.清五营长城 3 段 130733382102170004

5.沙岭长城 1 段 130733382102170005

6.沙岭长城 2 段 130733382102170006

7.青虎沟长城 1 段 130733382102170007

8.青虎沟长城 2 段 130733382102170008

崇礼县

（一）墙体

1. 水泉洼长城 1 段 130733382102170001

2. 清五营长城 1 段 130733382102170002

3. 清五营长城 2 段 130733382102170003

4. 清五营长城 3 段 130733382102170004

5. 沙岭长城 1 段 130733382102170005

6. 沙岭长城 2 段 130733382102170006

7. 青虎沟长城 1 段 130733382102170007

8. 青虎沟长城 2 段 130733382102170008

崇礼县

（一）墙体

1.水泉洼长城 1 段 1307333821021700001

2.清五营长城 1 段 1307333382102170002

3.清五营长城 2 段 1307333382102170003

4.清五营长城 3 段 1307333382102170004

5.沙岭长城 1 段 1307333382102170005

6.沙岭长城 2 段 1307333382102170006

7.青虎沟长城 1 段 1307333382102170007

8.青虎沟长城 2 段 1307333382102170008

9.青虎沟长城 3 段 130733382102170009

10.青虎沟长城 4 段 130733382102170010

11.青虎沟马场长城墙体 1 段 130733382102170011

12.青虎沟马场长城墙体 2 段 130733382102170012

13.青虎沟马场长城墙体 3 段 130733382102170013

14.棋盘垛长城墙体 130733382102170014

15.桦林东长城墙体 1 段 130733382102170015

16.桦林东长城墙体 2 段 130733382102170016

17. 小南洼长城 1307333821021700017

18. 青虎沟长城 5 段 1307333821021700018

19. 庄科长城 1307333821021700019

20. 清五营长城 4 段 1307333821021700020

21. 清五营长城 5 段 1307333821021700021

22. 水泉洼长城 2 段 1307333821021700022

（二）单体建筑

1.水泉洼 1 号敌台 130733352101170001

2.水泉洼 2 号敌台 130733352101170002

3.水泉洼 3 号敌台 130733352101170003

4.水泉洼 4 号敌台 130733352101170004

5.水泉洼 5 号敌台 130733352101170005

6.水泉洼 6 号敌台 130733352101170006

7.水泉洼 7 号敌台 130733352101170007

8.清五营 1 号敌台 130733352101170008

9. 清五营 2 号敌台 130733352101170009

10. 清五营 3 号敌台 130733352101170010

11. 清五营 4 号敌台 130733352101170011

12. 清五营 5 号敌台 130733352101170012

13. 清五营 6 号敌台 130733352101170013

14. 清五营 7 号敌台 130733352101170014

15. 清五营 8 号敌台 130733352101170015

16. 清五营 9 号敌台 130733352101170016

17. 清五营 10 号敌台 1307333352101170017

18. 清五营 11 号敌台 1307333352101170018

19. 清五营 12 号敌台 1307333352101170019

20. 清五营 13 号敌台 1307333352101170020

21. 清五营 14 号敌台 1307333352101170021

22. 清五营 15 号敌台 1307333352101170022

23. 清五营 16 号敌台 1307333352101170023

24. 清五营 17 号敌台 1307333352101170024

25. 石槽沟 1 号敌台 130733352101170025

26. 石槽沟 2 号敌台 130733352101170026

27. 清三营 1 号敌台 130733352101170027

28. 清三营 2 号敌台 130733352101170028

29. 清三营 3 号敌台 130733352101170029

30. 清三营 4 号敌台 130733352101170030

31. 清三营 5 号敌台 130733352101170031

32. 二道营 1 号敌台 130733352101170032

33. 二道营 2 号敌台 130733352101170033

34. 沙岭 1 号敌台 130733352101170034

35. 沙岭 2 号敌台 130733352101170035

36. 沙岭 3 号敌台 130733352101170036

37. 沙岭 4 号敌台 130733352101170037

38. 沙岭 5 号敌台 130733352101170038

39. 沙岭 6 号敌台 130733352101170039

40. 沙岭 7 号敌台 130733352101170040

41. 沙岭 8 号敌台 130733352101170041

42. 沙岭 9 号敌台 130733352101170042

43. 青虎沟 1 号敌台 130733352101170043

44. 青虎沟 2 号敌台 130733352101170044

45. 青虎沟 3 号敌台 130733352101170045

46. 青虎沟 4 号敌台 130733352101170046

47. 青虎沟 5 号敌台 130733352101170047

48. 青虎沟 6 号敌台 130733352101170048

49. 小南洼敌台 130733352101170049

50. 水泉洼 1 号烽火台 130733353201170050

51. 水泉洼 2 号烽火台 130733353201170051

52. 清五营烽火台 130733353201170052

53. 庄科烽火台 130733353201170053

54. 青虎沟 1 号烽火台 130733353201170054

55. 青虎沟 2 号烽火台 130733353201170055

56. 青虎沟 3 号烽火台 130733353201170056

57. 小南洼 1 号烽火台 130733353201170057

58. 小南洼 2 号烽火台 130733353201170058

59. 小南洼 3 号烽火台 130733353201170059

60. 小南洼 4 号烽火台 130733353201170060

61. 小南洼 5 号烽火台 130733353201170061

62. 松林背 2 号烽火台 130733353201170062

63. 松林背 3 号烽火台 130733353201170063

64. 松林背 4 号烽火台 130733353201170064

65. 新洞坑 1 号烽火台 130733353201170065

66. 新洞坑 2 号烽火台 130733353201170066

67. 新洞坑 3 号烽火台 130733353201170067

68. 新洞坑 4 号烽火台 130733353201170068

69. 新洞坑 5 号烽火台 130733353201170069

70. 桦林东 1 号烽火台 130733353201170070

71. 桦林东 2 号烽火台 130733353201170071

72. 桦林东 3 号烽火台 130733353201170072

73. 桦林东 4 号烽火台 130733353201170073

74. 桦林东 5 号烽火台 130733353201170074

75. 桦林东 6 号烽火台 130733353201170075

76. 桦林东 7 号烽火台 130733353201170076

77. 桦林东 8 号烽火台 130733353201170077

78. 青虎沟 4 号烽火台 130733353201170078

79. 青虎沟 5 号烽火台 130733353201170079

80. 青虎沟 6 号烽火台 130733353201170080

宣化县

（一）墙体

1. 正盘台长城第 1 段 1307213821102170001

2. 正盘台长城第 2 段 1307213821102170002

3. 正盘台长城第 3 段 1307213821102170003

4. 大白杨长城第 1 段 1307213821102170004

5. 大白杨长城第 2 段 1307213821102170005

6. 大白杨长城第 3 段 1307213821102170006

7. 大白杨长城第 4 段 1307213821102170007

8. 大白杨长城第 5 段 1307213821102170008

9. 胡家洼长城第 1 段 13072 13821 02170009

10. 胡家洼长城第 2 段 13072 13821 02170010

11. 胡家洼长城第 3 段 13072 13821 02170011

12. 胡家洼长城第 4 段 13072 13821 02170012

13. 胡家洼长城第 5 段 13072 13821 02170013

14. 胡家洼长城第 6 段 13072 13821 02170014

15. 常峪口长城第 1 段 13072 13821 02170015

16. 常峪口长城第 2 段 13072 13821 02170016

17. 常峪口长城第 3 段 130721382102170017

18. 常峪口长城第 4 段 130721382102170018

19. 四台沟长城第 1 段 130721382102170019

20. 四台沟长城第 2 段 130721382102170020

21. 四台沟长城第 3 段 130721382102170021

22. 四台沟长城第 4 段 130721382102170022

23. 四台沟长城第 5 段 130721382102170023

24. 青边口长城第 1 段 130721382102170024

25.青边口长城第 2 段 130721382102170025

26.青边口长城第 3 段 130721382102170026

27.青边口长城第 4 段 130721382102170027

28.青边口长城第 5 段 130721382102170028

29.羊房堡长城第 1 段 130721382102170029

30.人头山长城第 1 段 130721382102170030

31.东窑长城第 1 段 130721382102170031

32.东窑长城第 2 段 130721382102170032

33. 大白杨长城第 6 段 1307213821021 70033

34. 正盘台长城第 4 段 1307213821021 70034

35. 正盘台长城第 5 段 1307213821021 70035

36. 正盘台长城第 6 段 1307213821021 70036

37. 正盘台长城第 7 段 1307213821021 70037

38. 正盘台长城第 8 段 1307213821021 70038

39. 后坝口长城第 1 段 1307213821021 70039

40. 小西山长城第 1 段 1307213821021 70040

41.锁阳关长城第 1 段 130721382102170041

42.锁阳关长城第 2 段 130721382102170042

43.锁阳关长城第 3 段 130721382102170043

44.锁阳关长城第 4 段 130721382102170044

45.锁阳关长城第 5 段 130721382102170045

（二）单体建筑

1. 宣化城 01 号烽火台 13072135320170001

2. 正盘台 01 号敌台 13072135210170001

3. 二道岭 01 号敌台 13072135210170002

4. 大白杨 01 号敌台 13072135210170003

5. 大白杨 02 号敌台 13072135210170004

6. 大白杨 03 号敌台 13072135210170005

7. 大白杨 04 号敌台 13072135210170006

8. 大白杨 05 号敌台 13072135210170007

9. 大白杨 06 号敌台 13072135210117 0008

10. 大白杨 07 号敌台 13072135210117 0009

11. 大白杨 08 号敌台 13072135210117 0010

12. 大白杨 09 号敌台 13072135210117 0011

13. 大白杨 10 号敌台 13072135210117 0012

14. 大白杨 11 号敌台 13072135210117 0013

15. 大白杨 12 号敌台 13072135210117 0014

16. 大白杨 13 号敌台 13072135210117 0015

17. 大白杨 14 号敌台 1307213352101170016

18. 大白杨 15 号敌台 1307213352101170017

19. 大白杨 16 号敌台 1307213352101170018

20. 大白杨 17 号敌台 1307213352101170019

21. 胡家洼 01 号敌台 1307213352101170020

22. 胡家洼 02 号敌台 1307213352101170021

23. 常峪口 01 号敌台 1307213352101170022

24. 四台沟 01 号敌台 1307213352101170023

25. 四台沟 02 号敌台 130721352101170024

26. 四台沟 03 号敌台 130721352101170025

27. 四台沟 04 号敌台 130721352101170026

28. 四台沟 05 号敌台 130721352101170027

29. 四台沟 06 号敌台 130721352101170028

30. 四台沟 07 号敌台 130721352101170029

31. 四台沟 08 号敌台 13072135210117030030

32. 青边口 01 号敌台 13072135210117030031

33. 青边口 02 号敌台 13072135210117030032

34. 青边口 03 号敌台 13072135210117030033

35. 青边口 04 号敌台 13072135210117030034

36. 青边口 05 号敌台 13072135210117030035

37. 青边口 06 号敌台 13072135210117030036

38. 青边口 07 号敌台 13072135210117030037

39. 羊房堡 01 号敌台 130721352101170038

40. 羊房堡 02 号敌台 130721352101170039

41. 羊房堡 03 号敌台 130721352101170040

42. 羊房堡 04 号敌台 130721352101170041

43. 羊房堡 05 号敌台 130721352101170042

44. 羊房堡 06 号敌台 130721352101170043

45. 人头山 01 号敌台 130721352101170044

46. 人头山 02 号敌台 130721352101170045

47. 人头山 03 号敌台 13072135210117 0046

48. 人头山 04 号敌台 13072135210117 0047

49. 人头山 05 号敌台 13072135210117 0048

50. 人头山 06 号敌台 13072135210117 0049

51. 东窑 01 号敌台 13072135210117 0050

52. 东窑 02 号敌台 13072135210117 0051

53. 东窑 03 号敌台 13072135210117 0052

54. 东窑 04 号敌台 13072135210117 0053

55. 东窑 05 号敌台 130721352101170054

56. 东窑 06 号敌台 130721352101170055

57. 东窑 07 号敌台 130721352101170056

58. 东窑 08 号敌台 130721352101170057

59. 东窑 09 号敌台 130721352101170058

60. 东窑 10 号敌台 130721352101170059

61. 东窑 11 号敌台 130721352101170060

62. 东窑 12 号敌台 130721352101170061

63. 东窑 13 号敌台 130721352101170062

64. 东窑 14 号敌台 130721352101170063

65. 东窑 15 号敌台 130721352101170064

66. 东窑 16 号敌台 130721352101170065

67. 东窑 17 号敌台 130721352101170066

68. 东窑 18 号敌台 130721352101170067

69. 东窑 19 号敌台 130721352101170068

70. 东窑 20 号敌台 130721352101170069

71. 正盘台 01 号马面 130721352102170070

72. 正盘台 02 号马面 130721352102170071

73. 正盘台 01 号烽火台 130721353201170072

74. 正盘台 02 号烽火台 130721353201170073

75. 正盘台 03 号烽火台 130721353201170074

76. 正盘台 04 号烽火台 130721353201170075

77. 正盘台 05 号烽火台 130721353201170076

78. 正盘台 06 号烽火台 130721353201170077

79. 正盘台 07 号烽火台 13072135320117 0078

80. 正盘台 08 号烽火台 13072135320117 0079

81. 正盘台 09 号烽火台 13072135320117 0080

82. 正盘台 10 号烽火台 13072135320117 0081

83. 正盘台 11 号烽火台 13072135320117 0082

84. 正盘台 12 号烽火台 13072135320117 0083

85. 正盘台 13 号烽火台 13072135320117 0084

86. 正盘台 14 号烽火台 13072135320117 0085

87. 正盘台 15 号烽火台 130721353201170086

88. 二道岭 01 号烽火台 130721353201170087

89. 大白阳 01 号烽火台 130721353201170088

90. 大白阳 02 号烽火台 130721353201170089

91. 大白阳 03 号烽火台 130721353201170090

92. 大白阳 04 号烽火台 130721353201170091

93. 大白阳 05 号烽火台 130721353201170092

94. 大白阳 06 号烽火台 130721353201170093

95. 大白阳 07 号烽火台 13072135320l170094

96. 大白阳 08 号烽火台 13072135320l170095

97. 大白阳 09 号烽火台 13072135320l170096

98. 大白阳 10 号烽火台 13072135320l170097

99. 大白阳 11 号烽火台 13072135320l170098

100. 大白阳 12 号烽火台 13072135320l170099

101. 白庙 01 号烽火台 13072135320l170100

102. 白庙 02 号烽火台 13072135320l170101

103. 董家窑 01 号烽火台 13072135320117010 2

104. 董家窑 02 号烽火台 13072135320117010 3

105. 后洼 01 号烽火台 13072135320117010 4

106. 后洼 02 号烽火台 13072135320117010 5

107. 后洼 03 号烽火台 13072135320117010 6

108. 小白杨 01 号烽火台 13072135320117010 7

109. 小白杨 02 号烽火台 13072135320117010 8

110. 小白杨 03 号烽火台 13072135320117010 9

111. 小白杨 04 号烽火台 13072135320117 0110

112. 后坝 01 号烽火台 13072135320117 0111

113. 后坝 02 号烽火台 13072135320117 0112

114. 后坝 03 号烽火台 13072135320117 0113

115. 后坝 04 号烽火台 13072135320117 0114

116. 后坝 05 号烽火台 13072135320117 0115

117. 后坝 06 号烽火台 13072135320117 0116

118. 二道岭 02 号烽火台 13072135320117 0117

119. 大白杨 13 号烽火台 13072135320117 0118

120. 大白杨 14 号烽火台 13072135320117 0119

121. 大白杨 15 号烽火台 13072135320117 0120

122. 大白杨 16 号烽火台 13072135320117 0121

123. 大白杨 17 号烽火台 13072135320117 0122

124. 大白杨 18 号烽火台 13072135320117 0123

125. 大白杨 19 号烽火台 13072135320117 0124

126. 大白杨 20 号烽火台 13072135320117 0125

127. 大白杨 21 号烽火台 13072135320 1170126

128. 葛峪堡 01 号烽火台 13072135320 1170127

129. 葛峪堡 02 号烽火台 13072135320 1170128

130. 葛峪堡 03 号烽火台 13072135320 1170129

131. 葛峪堡 04 号烽火台 13072135320 1170130

132. 葛峪堡 05 号烽火台 13072135320 1170131

133. 葛峪堡 06 号烽火台 13072135320 1170132

134. 葛峪堡 07 号烽火台 13072135320 1170133

135. 胡家洼 01 号烽火台 13072135320117 0134

136. 胡家洼村 02 号烽火台 13072135320117 0135

137. 胡家洼 03 号烽火台 13072135320117 0136

138. 胡家洼 04 号烽火台 13072135320117 0137

139. 胡家洼 05 号烽火台 13072135320117 0138

140. 胡家洼 06 号烽火台 13072135320117 0139

141. 胡家洼 07 号烽火台 13072135320117 0140

142. 常峪口 01 号烽火台 13072135320117 0141

143. 常峪口 02 号烽火台 130721353201170142　　　144. 常峪口 03 号烽火台 130721353201170143

145. 常峪口 04 号烽火台 130721353201170144　　　146. 常峪口 05 号烽火台 130721353201170145

147. 常峪口 06 号烽火台 130721353201170146　　　148. 常峪口 07 号烽火台 130721353201170147

149. 常峪口 08 号烽火台 130721353201170148　　　150. 常峪口 09 号烽火台 130721353201170149

151. 常峪口 10 号烽火台 130721353201170150

152. 常峪口 11 号烽火台 130721353201170151

153. 常峪口 12 号烽火台 130721353201170152

154. 常峪口 13 号烽火台 130721353201170153

155. 青边口 01 号烽火台 130721353201170154

156. 青边口 02 号烽火台 130721353201170155

157. 青边口 03 号烽火台 130721353201170156

158. 青边口 04 号烽火台 130721353201170157

159. 青边口 05 号烽火台 130721353201170158

160. 青边口 06 号烽火台 130721353201170159

161. 青边口 07 号烽火台 130721353201170160

162. 青边口 08 号烽火台 130721353201170161

163. 青边口 09 号烽火台 130721353201170162

164. 青边口 10 号烽火台 130721353201170163

165. 青边口 11 号烽火台 130721353201170164

166. 青边口 12 号烽火台 130721353201170165

167. 青边口 13 号烽火台 130721353201170166

168. 青边口 14 号烽火台 130721353201170167

169. 青边口 15 号烽火台 130721353201170168

170. 青边口 16 号烽火台 130721353201170169

171. 羊房堡 01 号烽火台 130721353201170170

172. 羊房堡 02 号烽火台 130721353201170171

173. 羊房堡 03 号烽火台 130721353201170172

174. 羊房堡 04 号烽火台 130721353201170173

175. 羊房堡 05 号烽火台 13072135320117 0174

176. 人头山村 01 号烽火台 13072135320117 0175

177. 人头山 02 号烽火台 13072135320117 0176

178. 人头山 03 号烽火台 13072135320117 0177

179. 人头山 04 号烽火台 13072135320117 0178

180. 东窑 01 号烽火台 13072135320117 0179

181. 东窑 02 号烽火台 13072135320117 0180

182. 关子口 01 号烽火台 13072135210117 0181

183.赵川 01 号烽火台 130721353201170182 　　　184.贾家湾 01 号烽火台 130721353201170183

185.草沟 01 号烽火台 130721353201170184 　　　186.吉家町 01 号烽火台 130721353201170185

187.草沟村 02 号烽火台 130721353201170186 　　　188.滹沱店 01 号烽火台 130721353201170187

189.滹沱店 02 号烽火台 130721353201170188 　　　190.深井 01 号烽火台 130721353201170189

191. 深井 02 号烽火台 130721353201170190

192. 北庄子 01 号烽火台 130721353201170191

193. 鱼跃沟 01 号烽火台 130721353201170192

194. 鱼跃沟 02 号烽火台 130721353201170193

195. 北汛地 01 号烽火台 130721353201170194

196. 榆岭子 01 号烽火台 130721353201170195

197. 榆岭子 02 号烽火台 130721353201170196

198. 石门屯 01 号烽火台 130721353201170197

199.石门屯 02 号烽火台 130721353201170198

200.安家台 01 号烽火台 130721353201170199

201.秤达沟 01 号烽火台 130721353201170200

202.宣化城 02 号烽火台 130721353201170201

203.赵家屯 01 号烽火台 130721353201170202

204.李指挥 01 号烽火台 130721353201170203

205.南洋店 01 号烽火台 130721353201170204

206.辛庄子 01 号烽火台 130721353201170205

207. 郝家庄 01 号烽火台 130721353201170206

208. 正盘台 16 号烽火台 130721353201170207

209. 正盘台 17 号烽火台 130721353201170208

210. 正盘台 18 号烽火台 130721353201170209

211. 正盘台 19 号烽火台 130721353201170210

212. 正盘台 20 号烽火台 130721353201170211

213. 后坝口 01 号烽火台 130721353201170212

214. 后坝口 02 号烽火台 130721353201170213

215. 后坝口 03 号烽火台 130721353201170214

216. 后坝口 04 号烽火台 130721353201170215

217. 后坝口 05 号烽火台 130721353201170216

218. 后坝口 06 号烽火台 130721353201170217

219. 后坝口 07 号烽火台 130721353201170218

220. 三贤庙 01 号烽火台 130721353201170219

221. 锁阳关 01 号烽火台 130721353201170220

222. 锁阳关 02 号烽火台 130721353201170221

223. 小蛤蟆 01 号烽火台 130721353201170222

224. 小蛤蟆 02 号烽火台 130721353201170223

225. 小蛤蟆 03 号烽火台 130721353201170224

226. 小蛤蟆 04 号烽火台 130721353201170225

227. 小蛤蟆 05 号烽火台 130721353201170226

（三）关堡

1. 羊房堡 130721353102170001

2. 葛峪堡 130721353102170002

3. 青边口堡 130721353102170003　　　　4. 常峪口堡 130721353102170004

6. 大白杨堡 130721353102170006

5. 小白杨堡 130721353102170005

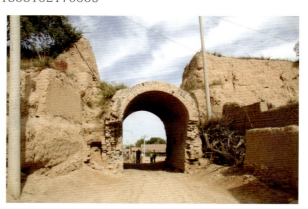

8. 滹沱店堡 130721353102170008

7. 赵川堡 130721353102170007

9. 深井堡 130721353102170009

（四）相关遗存

1.正盘台挡马沟1段

2.宣化青边口窑群

宣化区

（一）单体建筑

1.宣化城 01 号烽火台

（二）关堡

1.宣府镇城 13070535331021 70001

桥东区

（一）单体建筑

1.玉宝敦烽火台 130702353201170001

2.东榆林烽火台 130702353201170002

（二）关堡

1. 宁远堡 130702353102170001

桥西区

（一）墙体

1.大境门长城 130703382102170001

2.三道沟长城 130703382102170002

3.永丰堡长城 1 段 130703382102170003

4.永丰堡长城 2 段 130703382102170004

5.伍敦长城 1 段 130703382102170005

6.伍敦长城 2 段 130703382102170006

7.菜市长城 1 段 130703382102170007

8.菜市长城 2 段 130703382102170008

9.土井子长城 1 段 130703382102170009　　　　10.土井子长城 2 段 130703382102170010

（二）单体建筑

1. 来远堡 1 号敌台 130703352101170001

2. 来远堡 2 号敌台 130703352101170002

3. 三道沟 1 号敌台 130703352101170003

4. 三道沟 2 号敌台 130703352101170004

5. 永丰堡 1 号敌台 130703352101170005

6. 永丰堡 2 号敌台 130703352101170006

7. 永丰堡 3 号敌台 130703352101170007

8. 永丰堡 4 号敌台 130703352101170008

9. 伍敦 1 号敌台 1307033352101170009

10. 伍敦 2 号敌台 1307033352101170010

11. 伍敦 3 号敌台 1307033352101170011

12. 伍敦 4 号敌台 1307033352101170012

13. 伍敦 5 号敌台 1307033352101170013

14. 伍敦 6 号敌台 1307033352101170014

15. 菜市 1 号敌台 1307033352101170015

16. 菜市 2 号敌台 1307033352101170016

17. 菜市 3 号敌台 130703352101170017

18. 菜市 4 号敌台 130703352101170018

19. 菜市 5 号敌台 130703352101170019

20. 菜市 6 号敌台 130703352101170020

21. 菜市 7 号敌台 130703352101170021

22. 菜市 8 号敌台 130703352101170022

23. 土井子 1 号敌台 130703352101170022

24. 土井子 2 号敌台 130703352101170024

25. 土井子 3 号敌台 1307033352101170025

26. 土井子 4 号敌台 1307033352101170026

27. 土井子 5 号敌台 1307033352101170027

28. 土井子 6 号敌台 1307033352101170028

29. 土井子 7 号敌台 1307033352101170029

30. 土井子 8 号敌台 1307033352101170030

31. 土井子 9 号敌台 1307033352101170031

32. 土井子 10 号敌台 1307033352101170032

33. 土井子 11 号敌台 130703352101170033

34. 土井子 12 号敌台 130703352101170034

35. 土井子 13 号敌台 130703352101170035

36. 汗淖坝 1 号敌台 130703352101170036

37. 汗淖坝 2 号敌台 130703352101170037

38. 来远堡 1 号烽火台 130703352101170038

39. 来远堡 2 号烽火台 130703352101170039

40. 来远堡 3 号烽火台 130703352101170040

41. 三道沟村烽火台 130703353201170041

42. 永丰堡 1 号烽火台 130703353201170042

43. 永丰堡 2 号烽火台 130703353201170043

44. 永丰堡 3 号烽火台 130703353201170044

45. 永丰堡 4 号烽火台 130703353201170045

46. 永丰堡 5 号烽火台 130703353201170046

47. 永丰堡 6 号烽火台 130703353201170047

48. 永丰堡 7 号烽火台 130703353201170048

49. 伍敦 1 号烽火台 130703353201170049

50. 伍敦 2 号烽火台 130703353201170050

51. 伍敦 3 号烽火台 130703353201170051

52. 伍敦 4 号烽火台 130703353201170052

53. 伍敦 5 号烽火台 130703353201170053

54. 伍敦 6 号烽火台 130703353201170054

55. 伍敦 7 号烽火台 130703353201170055

56. 伍敦 8 号烽火台 130703353201170056

57. 伍敦 9 号烽火台 130703353201170057

58. 伍敦 10 号烽火台 130703353201170058

59. 伍敦 11 号烽火台 130703353201170059

60. 伍敦 12 号烽火台 130703353201170060

61. 伍敦 13 号烽火台 130703353201170061

62. 伍敦 14 号烽火台 130703353201170062

63. 菜市 1 号烽火台 130703353201170063

64. 菜市 2 号烽火台 130703353201170064

65. 菜市 3 号烽火台 130703353201170065

66. 菜市 4 号烽火台 130703353201170066

67. 菜市 5 号烽火台 130703353201170067

68. 菜市 6 号烽火台 130703353201170068

69. 菜市 7 号烽火台 130703353201170069

70. 菜市 8 号烽火台 130703353201170070

71. 土井子 1 号烽火台 130703353201170071

72. 土井子 2 号烽火台 130703353201170072

73. 土井子 3 号烽火台 130703353201170073

74. 土井子 4 号烽火台 130703353201170074

75. 土井子 5 号烽火台 130703353201170075

76. 土井子 6 号烽火台 130703353201170076

（三）关堡

1.永丰堡 130703353102170001

2. 张家口堡 13070335310170002

3. 来远堡 13070335310170003

万全县

（一）墙体

1.周坝长城第1段 130729382102170001

2.黄花坪长城第1段 130729382102170002

3.黄花坪长城第2段 130729382102170003

4.大水泉长城第1段 130729382102170004

5.镇虎台长城第1段 130729382102170005

6.镇虎台长城第2段 130729382102170006

7.大东沟长城第1段 130729382102170007

8.辛窑长城第1段 130729382102170008

9. 辛窑长城第 2 段 130729382102170009

10. 辛窑长城第 3 段 130729382102170010

11. 辛窑长城第 4 段 130729382102170011

12. 辛窑长城第 5 段 130729382102170012

13. 辛窑长城第 6 段 130729382102170013

14. 辛窑长城第 7 段 130729382102170014

15. 辛窑长城第 8 段 130729382102170015

16. 辛窑长城第 9 段 130729382102170016

17. 辛窑长城第 10 段 1307293821021700017

18. 辛窑长城第 11 段 1307293821021700018

19. 黄土梁长城第 1 段 1307293821021700019

20. 黄土梁长城第 2 段 1307293821021700020

21. 席窑长城第 1 段 1307293821021700021

22. 柳沟长城第 1 段 1307293821021700022

23. 柳沟长城第 2 段 1307293821021700023

24. 柳沟长城第 3 段 1307293821021700024

25.牛家窑长城第 1 段 130729382102170025

26.牛家窑长城第 2 段 130729382102170026

27.牛家窑长城第 3 段 130729382102170027

28.牛家窑长城第 4 段 130729382102170028

29.牛家窑长城第 5 段 130729382102170029

30.牛家窑长城第 6 段 130729382102170030

31.羊窑沟长城第 1 段 130729382102170031

32.万全长城第 1 段 130729382102170032

（二）单体建筑

1. 辛窑 01 号敌台 130729352101170001

2. 辛窑 02 号敌台 130729352101170002

3. 辛窑 03 号敌台 130729352101170003

4. 辛窑 04 号敌台 130729352101170004

5. 辛窑 05 号敌台 130729352101170005

6. 辛窑 06 号敌台 130729352101170006

7. 辛窑 07 号敌台 130729352101170007

8. 辛窑 08 号敌台 130729352101170008

9. 辛窑 09 号敌台 130729352101170009

10. 黄土梁 01 号敌台 130729352101170010

11. 黄土梁 02 号敌台 130729352101170011

12. 黄土梁 03 号敌台 130729352101170012

13. 席窑 01 号敌台 130729352101170013

14. 席窑 02 号敌台 130729352101170014

15. 席窑 03 号敌台 130729352101170015

16. 席窑 04 号敌台 130729352101170016

17. 柳沟 01 号敌台 130729352101170017

18. 柳沟 02 号敌台 130729352101170018

19. 牛家窑 01 号敌台 130729352101170019

20. 牛家窑 02 号敌台 130729352101170020

21. 牛家窑 03 号敌台 130729352101170021

22. 羊窑沟 01 号敌台 130729352101170022

23. 羊窑沟 02 号敌台 130729352101170023

24. 羊窑沟 03 号敌台 130729352101170024

25. 辛窑 01 号马面 130729352101170025

26. 辛窑 02 号马面 130729352101170026

27. 辛窑 03 号马面 130729352101170027

28. 辛窑 04 号马面 130729352101170028

29. 辛窑 05 号马面 130729352101170029

30. 辛窑 06 号马面 130729352101170030

31. 汉淖坝 01 号烽火台 130729352101170031

32. 汉淖坝 02 号烽火台 130729352101170032

33. 汉淖坝 03 号烽火台 130729352101170033

34. 周坝 01 号烽火台 130729352101170034

35. 周坝 02 号烽火台 130729352101170035

36. 周坝 03 号烽火台 130729352101170036

37. 周坝 04 号烽火台 130729352101170037

38. 周坝 05 号烽火台 130729352101170038

39. 周坝 06 号烽火台 130729352101170039

40. 周坝 07 号烽火台 130729352101170040

41. 周坝 08 号烽火台 130729352101170041

42. 周坝 09 号烽火台 130729352101170042

43. 黄花坪 01 号烽火台 130729352101170043

44. 黄花坪 02 号烽火台 130729352101170044

45. 黄花坪 03 号烽火台 130729352101170045

46. 黄花坪 04 号烽火台 130729352101170046

47. 黄花坪 05 号烽火台 130729352101170047

48. 黄花坪 06 号烽火台 130729352101170048

49.黄花坪 07 号烽火台 130729352101170049

50.狼窝沟 01 号烽火台 130729352101170050

51.狼窝沟 02 号烽火台 130729352101170051

52.狼窝沟 03 号烽火台 130729352101170052

53.狼窝沟 04 号烽火台 130729352101170053

54.狼窝沟 05 号烽火台 130729352101170054

55.狼窝沟 06 号烽火台 130729352101170055

56.狼窝沟 07 号烽火台 130729352101170056

57. 狼窝沟 08 号烽火台 130729352101170057

58. 狼窝沟 09 号烽火台 130729352101170058

59. 狼窝沟 10 号烽火台 130729352101170059

60. 大水泉 01 号烽火台 130729352101170060

61. 大水泉 02 号烽火台 130729352101170061

62. 大水泉 03 号烽火台 130729352101170062

63. 大水泉 04 号烽火台 130729352101170063

64. 大水泉 05 号烽火台 130729352101170064

65. 大水泉 06 号烽火台 130729352101170065

66. 大水泉 07 号烽火台 130729352101170066

67. 黄土圐圙 01 号烽火台 130729352101170067

68. 黄土圐圙 02 号烽火台 130729352101170068

69. 黄土圐圙 03 号烽火台 130729352101170069

70. 黄土圐圙 04 号烽火台 130729352101170070

71. 黄土圐圙 05 号烽火台 130729352101170071

72. 黄土圐圙 06 号烽火台 130729352101170072

73. 黄土圐圙 07 号烽火台 130729352101170073

74. 黄土圐圙 08 号烽火台 130729352101170074

75. 黄土圐圙 09 号烽火台 130729352101170075

76. 黄土圐圙 10 号烽火台 130729352101170076

77. 黄土圐圙 11 号烽火台 130729352101170077

78. 黄土圐圙 12 号烽火台 130729352101170078

79. 黄土圐圙 13 号烽火台 130729352101170079

80. 黄土圐圙 14 号烽火台 130729352101170080

81. 黄土圐圙图 15 号烽火台 130729352101170081　　82. 黄土圐圙图 16 号烽火台 130729352101170082

83. 黄土圐圙图 17 号烽火台 130729352101170083　　84. 黄土圐圙图 18 号烽火台 130729352101170084

85. 黄土圐圙图 19 号烽火台 130729352101170085　　86. 黄土圐圙图 20 号烽火台 130729352101170086

87. 镇虎台 01 号烽火台 130729352101170087　　88. 镇虎台 02 号烽火台 130729352101170088

89.镇虎台 03 号烽火台 130729352101170089

90.镇虎台 04 号烽火台 130729352101170090

91.镇虎台 05 号烽火台 130729352101170091

92.镇虎台 06 号烽火台 130729352101170092

93.镇虎台 07 号烽火台 130729352101170093

94.镇虎台 08 号烽火台 130729352101170094

95.镇虎台 09 号烽火台 130729352101170095

96.镇虎台 10 号烽火台 130729352101170096

97. 镇虎台 11 号烽火台 130729352101170097

98. 镇虎台 12 号烽火台 130729352101170098

99. 镇虎台 13 号烽火台 130729352101170099

100. 镇虎台 14 号烽火台 130729352101170100

101. 镇虎台 15 号烽火台 130729352101170101

102. 镇虎台 16 号烽火台 130729352101170102

103. 正边台 01 号烽火台 130729352101170103

104. 正边台 02 号烽火台 130729352101170104

105. 正边台 03 号烽火台 130729352101170105

106. 正边台 04 号烽火台 130729352101170106

107. 正边台 05 号烽火台 130729352101170107

108. 正边台 06 号烽火台 130729352101170108

109. 正边台 07 号烽火台 130729352101170109

110. 治儿山 01 号烽火台 130729352101170110

111. 治儿山 02 号烽火台 130729352101170111

112. 治儿山 03 号烽火台 130729352101170112

113. 治儿山 04 号烽火台 130729352101170113

114. 治儿山 05 号烽火台 130729352101170114

115. 治儿山 05 号烽火台 130729352101170115

116. 治儿山 06 号烽火台 130729352101170116

117. 治儿山 07 号烽火台 130729352101170117

118. 治儿山 08 号烽火台 130729352101170118

119. 大东沟 01 号烽火台 130729352101170119

120. 大东沟 02 号烽火台 130729352101170120

121. 大东沟 03 号烽火台 130729352101170121

122. 大东沟 04 号烽火台 130729352101170122

123. 大东沟 05 号烽火台 130729352101170123

124. 大东沟 06 号烽火台 130729352101170124

125. 辛窑 01 号烽火台 130729352101170125

126. 辛窑 02 号烽火台 130729352101170126

127. 辛窑 03 号烽火台 130729352101170127

128. 辛窑 04 号烽火台 130729352101170128

129. 辛窑 05 号烽火台 130729352101170129

130. 辛窑 06 号烽火台 130729352101170130

131. 辛窑 07 号烽火台 130729352101170131

132. 辛窑 08 号烽火台 130729352101170132

133. 辛窑 09 号烽火台 130729352101170133

134. 辛窑 10 号烽火台 130729352101170134

135. 辛窑 11 号烽火台 130729352101170135

136. 辛窑 12 号烽火台 130729352101170136

137. 辛窑 13 号烽火台 130729352101170137

138. 辛窑 14 号烽火台 130729352101170138

139. 辛窑 15 号烽火台 130729352101170139

140. 辛窑 16 号烽火台 130729352101170140

141. 辛窑 17 号烽火台 130729352101170141

142. 辛窑 18 号烽火台 130729352101170142

143. 辛窑 19 号烽火台 130729352101170143

144. 辛窑 20 号烽火台 130729352101170144

145. 辛窑 21 号烽火台 130729352101170145

146. 辛窑 22 号烽火台 130729352101170146

147. 辛窑 23 号烽火台 130729352101170147

148. 辛窑 24 号烽火台 130729352101170148

149. 辛窑 25 号烽火台 130729352101170149

150. 辛窑 26 号烽火台 130729352101170150

151. 辛窑 27 号烽火台 130729352101170151

152. 辛窑 28 号烽火台 130729352101170152

153.辛窑 29 号烽火台 130729352101170153

154.辛窑 30 号烽火台 130729352101170154

155.辛窑 31 号烽火台 130729352101170155

156.辛窑 32 号烽火台 130729352101170156

157.辛窑 33 号烽火台 130729352101170157

158.辛窑 34 号烽火台 130729352101170158

159.辛窑 35 号烽火台 130729352101170159

160.辛窑 36 号烽火台 130729352101170160

161.辛窑 37 号烽火台 130729352101170161

162.黄土梁 01 号烽火台 130729352101170162

163.黄土梁 02 号烽火台 130729352101170163

164.黄土梁 03 号烽火台 130729352101170164

165.黄土梁 04 号烽火台 130729352101170165

166.黄土梁 05 号烽火台 130729352101170166

167.黄土梁 06 号烽火台 130729352101170167

168.黄土梁 07 号烽火台 130729352101170168

169. 黄土梁 08 号烽火台 130729352101170169

170. 黄土梁 09 号烽火台 130729352101170170

171. 席窑 01 号烽火台 130729352101170171

172. 席窑 02 号烽火台 130729352101170172

173. 席窑 03 号烽火台 130729352101170173

174. 席窑 04 号烽火台 130729352101170174

175. 席窑 05 号烽火台 130729352101170175

176. 柳沟 01 号烽火台 130729352101170176

177. 柳沟 02 号烽火台 130729352101170177

178. 柳沟 03 号烽火台 130729352101170178

179. 柳沟 04 号烽火台 130729352101170179

180. 柳沟 05 号烽火台 130729352101170180

181. 柳沟 06 号烽火台 130729352101170181

182. 柳沟 07 号烽火台 130729352101170182

183. 柳沟 08 号烽火台 130729352101170183

184. 柳沟 09 号烽火台 130729352101170184

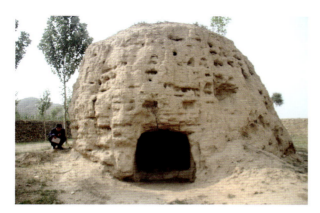

185. 柳沟 10 号烽火台 130729352101170185

186. 柳沟 11 号烽火台 130729352101170186

187. 牛家窑 01 号烽火台 130729352101170187

188. 牛家窑 02 号烽火台 130729352101170188

189. 牛家窑 03 号烽火台 130729352101170189

190. 牛家窑 04 号烽火台 130729352101170190

191. 牛家窑 05 号烽火台 130729352101170191

192. 牛家窑 06 号烽火台 130729352101170192

193. 牛家窑 07 号烽火台 130729352101170193

194. 羊窑沟 01 号烽火台 130729352101170194

195. 羊窑沟 02 号烽火台 130729352101170195

196. 羊窑沟 03 号烽火台 130729352101170196

197. 羊窑沟 04 号烽火台 130729352101170197

198. 羊窑沟 05 号烽火台 130729352101170198

199. 羊窑沟 06 号烽火台 130729352101170199

200. 赐沟 01 号烽火台 130729352101170200

201. 赐沟 02 号烽火台 130729352101170201

202. 赐沟 03 号烽火台 130729352101170202

203. 洗马林 01 号烽火台 130729352101170203

204. 洗马林 02 号烽火台 130729352101170204

205. 洗马林 03 号烽火台 130729352101170205

206. 洗马林 04 号烽火台 130729352101170206

207. 洗马林 05 号烽火台 130729352101170207

208. 辛窑 38 号烽火台 130729352101170208

209. 辛窑 39 号烽火台 130729352101170209

210. 辛窑 40 号烽火台 130729352101170210

211. 辛窑 41 号烽火台 130729352101170211

212. 冯家窑 01 号烽火台 130729352101170212

213. 连针沟 01 号烽火台 130729352101170213

214. 连针沟 02 号烽火台 130729352101170214

215. 连针沟 03 号烽火台 130729352101170215

216. 连针沟 04 号烽火台 130729352101170216

217. 连针沟 05 号烽火台 130729352101170217

218. 连针沟 06 号烽火台 130729352101170218

219. 连针沟 07 号烽火台 130729352101170219

220. 膳房堡 01 号烽火台 130729352101170220

221. 膳房堡 02 号烽火台 130729352101170221

222. 膳房堡 03 号烽火台 130729352101170222

223. 膳房堡 04 号烽火台 130729352101170223

224. 膳房堡 05 号烽火台 130729352101170224

225. 新开口 01 号烽火台 130729352101170225

226. 新开口 02 号烽火台 130729352101170226

227. 新开口 03 号烽火台 130729352101170227

228. 新开口 04 号烽火台 130729352101170228

229. 新开口 05 号烽火台 130729352101170229

230. 新开口 06 号烽火台 130729352101170230

231. 新开口 07 号烽火台 130729352101170231

232. 新开口 08 号烽火台 130729352101170232

233.新开口 09 号烽火台 130729352101170233

234.上西湾 01 号烽火台 130729352101170234

235.上西湾 02 号烽火台 130729352101170235

236.上西湾 03 号烽火台 130729352101170236

237.刘虎庄 01 号烽火台 130729352101170237

238.黄家堡 01 号烽火台 130729352101170238

239.黄家堡 02 号烽火台 130729352101170239

240.黄家堡 03 号烽火台 130729352101170240

241.黄家堡 04 号烽火台 130729352101170241

242.黄家堡 05 号烽火台 130729352101170242

243.黄家堡 06 号烽火台 130729352101170243

244.黄家堡 07 号烽火台 130729352101170244

245.万全 01 号烽火台 130729352101170245

246.万全 02 号烽火台 130729352101170246

247.万全 03 号烽火台 130729352101170247

248.万全 04 号烽火台 130729352101170248

249.万全 05 号烽火台 130729352101170249

250.万全 06 号烽火台 130729352101170250

251.万全 07 号烽火台 130729352101170251

252.万全 08 号烽火台 130729352101170252

253.万全 09 号烽火台 130729352101170253

254.万全 10 号烽火台 130729352101170254

255.宣平堡 01 号烽火台 130729352101170255

256.宣平堡 02 号烽火台 130729352101170256

257. 宣平堡 03 号烽火台 130729352101170257

258. 宣平堡 04 号烽火台 130729352101170258

259. 宣平堡 05 号烽火台 130729352101170259

260. 宣平堡 06 号烽火台 130729352101170260

261. 宣平堡 07 号烽火台 130729352101170261

262. 宣平堡 08 号烽火台 130729352101170262

（三）关堡

1.万全洗马林城 1307293531102170001

2.万全右卫城 130729353102170002

3.万全膳房堡 130729353102170003

4.万全新河口堡 130729353102170004

5. 万全宣平堡 13072935 3102170005

6. 万全王安堡 13072935 3102170006

7. 万全新开口堡 13072935 3102170007

（四）相关遗存

1. 大水泉 01 挡马墙 130729354104170002

2. 镇虎台 01 挡马墙 130729354104170003

3. 镇虎台 02 挡马墙 130729354104170004

4. 大东沟 01 挡马墙 130729354104170005

5. 大东沟 02 挡马墙 130729354104170006

6. 大东沟 03 挡马墙 130729354104170007

7. 万全砖窑遗址 130729354102170008

8. 大水泉村 01 居住址 130729354107170001

尚义县

（一）墙体

桃坪长城第 1 段 13072538210217 0001

尚义县

（一）墙体

桃坪长城第 1 段 130725382102170001

怀安县

（一）墙体

1. 东洋河长城第 1 段 130728382102170001

2. 东洋河长城第 2 段 130728382102170002

3. 东洋河长城第 3 段 130728382102170003

4. 东洋河长城第 4 段 130728382102170004

5. 东洋河长城第 5 段 130728382102170005

6. 东洋河长城第 6 段 130728382102170006

7. 东洋河长城第 7 段 130728382102170007

8. 赵家窑长城第 1 段 130728382102170008

9.赵家窑长城第 2 段 130728382102170009

10.赵家窑长城第 3 段 130728382102170010

11.赵家窑长城第 4 段 130728382102170011

12.盘道门长城第 1 段 130728382102170012

13.总镇台长城第 1 段 130728382102170013

14.总镇台长城第 2 段 130728382102170014

15.总镇台长城第 3 段 130728382102170015

16.总镇台长城第 4 段 130728382102170016

17.总镇台长城第 5 段 130728382102170017

18.总镇台长城第 6 段 130728382102170018

19.桃沟长城第 1 段 130728382102170019

20.桃沟长城第 2 段 13072838210217020

21.桃沟长城第 3 段 13072838210217021

（二）单体建筑

1.东洋河01号敌台 130728352101170001

2.赵家窑01号敌台 130728352101170002

3.赵家窑02号敌台 130728352101170003

4.总镇台01号敌台 130728352101170004

5.总镇台02号敌台 130728352101170005

6.总镇台03号敌台 130728352101170006

7.总镇台04号敌台 130728352101170007

8.东洋河01号烽火台 130728352101170008

9. 东洋河 02 号烽火台 130728352101170009

10. 赵家窑 01 号烽火台 130728352101170010

11. 赵家窑 02 号烽火台 130728352101170011

12. 赵家窑 03 号烽火台 130728352101170012

13. 赵家窑 04 号烽火台 130728352101170013

14. 赵家窑 05 号烽火台 130728352101170014

15. 赵家窑 06 号烽火台 130728352101170015

16. 赵家窑 07 号烽火台 130728352101170016

17.赵家窑 08 号烽火台 130728352101170017

18.赵家窑 09 号烽火台 130728352101170018

19.赵家窑 10 号烽火台 130728352101170019

20.赵家窑 11 号烽火台 130728352101170020

21.赵家窑 12 号烽火台 130728352101170021

22.赵家窑 13 号烽火台 130728352101170021

23.赵家窑 14 号烽火台 130728352101170023

24.赵家窑 15 号烽火台 130728352101170024

25.赵家窑 16 号烽火台 130728352101170025

26.盘道门 01 号烽火台 130728352101170026

27.盘道门 02 号烽火台 130728352101170027

28.盘道门 03 号烽火台 130728352101170028

29.盘道门 04 号烽火台 130728352101170029

30.盘道门 05 号烽火台 130728352101170030

31.盘道门 06 号烽火台 130728352101170031

32.盘道门 07 号烽火台 130728352101170032

33. 盘道门 08 号烽火台 130728352101170033

34. 盘道门 09 号烽火台 130728352101170034

35. 盘道门 10 号烽火台 130728352101170035

36. 总镇台 01 号烽火台 130728352101170036

37. 总镇台 02 号烽火台 130728352101170037

38. 总镇台 03 号烽火台 130728352101170038

39. 总镇台 04 号烽火台 130728352101170039

40. 总镇台 05 号烽火台 130728352101170040

41. 总镇台 06 号烽火台 130728352101170041

42. 总镇台 07 号烽火台 130728352101170042

43. 总镇台 08 号烽火台 130728352101170043

44. 总镇台 09 号烽火台 130728352101170044

45. 总镇台村 10 号烽火台 130728352101170045

46. 总镇台 11 号烽火台 130728352101170046

47. 总镇台 12 号烽火台 130728352101170047

48. 总镇台 13 号烽火台 130728352101170048

49.总镇台 14 号烽火台 130728352101170049

50.总镇台 15 号烽火台 130728352101170050

51.总镇台 16 号烽火台 130728352101170051

52.总镇台 17 号烽火台 130728352101170052

53.总镇台 18 号烽火台 130728352101170053

54.总镇台 19 号烽火台 130728352101170054

55.总镇台 20 号烽火台 130728352101170055

56.总镇台 21 号烽火台 130728352101170056

57.总镇台 22 号烽火台 130728352101170057

58.总镇台 23 号烽火台 130728352101170058

59.总镇台 24 号烽火台 130728352101170059

60.总镇台 25 号烽火台 130728352101170060

61.桃沟 01 号烽火台 130728352101170061

62.桃沟 02 号烽火台 130728352101170062

63.桃沟 03 号烽火台 130728352101170063

64.桃沟 04 号烽火台 130728352101170064

65.桃沟 05 号烽火台 130728352101170065

66.桃沟 06 号烽火台 130728352101170066

67.桃沟 07 号烽火台 130728352101170067

68.桃沟 08 号烽火台 130728352101170068

69.桃沟 09 号烽火台 130728352101170069

70.桃沟 10 号烽火台 130728352101170070

71.桃沟 11 号烽火台 130728352101170071

72.李家沟 01 号烽火台 130728352101170072

73. 西北口 01 号烽火台 1307283521011170073

74. 西北口 02 号烽火台 1307283521011170074

75. 瓦窑沟 01 号烽火台 1307283521011170075

76. 瓦窑沟 02 号烽火台 1307283521011170076

77. 瓦窑沟 03 号烽火台 1307283521011170077

78. 狮子口 01 号烽火台 1307283521011170078

79. 曹家庄 01 号烽火台 1307283521011170079

80. 第十梁 01 号烽火台 1307283521011170080

81.磨泥湾 01 号烽火台 130728352101170081

82.刘家沟 01 号烽火台 130728352101170082

83.三十里店 01 号烽火台 130728352101170083

84.北夏家湾 01 号烽火台 130728352101170084

85.北夏家湾 02 号烽火台 130728352101170085

86.乔子沟 01 号烽火台 130728352101170086

87.北夏家湾 03 号烽火台 130728352101170087

88.第四屯 01 号烽火台 130728352101170088

89.下果园 01 号烽火台 130728352101170089

90.左卫城 01 号烽火台 130728352101170090

91.左卫城 02 号烽火台 130728352101170091

92.尖台寨 01 号烽火台 130728352101170092

93.魏家山 01 号烽火台 130728352101170093

94.陈家窑 01 号烽火台 130728352101170094

95.陈家窑 02 号烽火台 130728352101170095

96.王虎屯 01 号烽火台 130728352101170096

97.枳儿岭 01 号烽火台 130728352101170097

98.枳儿岭 02 号烽火台 130728352101170098

99.中所堡 01 号烽火台 130728352101170099

100.朱家屯 01 号烽火台 130728352101170100

101.团山 01 号烽火台 130728352101170101

102.团山 02 号烽火台 130728352101170102

103.北李家庄 01 号烽火台 130728352101170103

104.北李家庄 02 号烽火台 130728352101170104

105. 旧堡 01 号烽火台 130728352101170105

106. 李信屯 01 号烽火台 130728352101170106

107. 李信屯 02 号烽火台 130728352101170107

108. 李信屯 03 号烽火台 130728352101170108

109. 李信屯 04 号烽火台 130728352101170109

110. 李信屯 05 号烽火台 130728352101170110

111. 李信屯 06 号烽火台 130728352101170111

112. 田家庄 01 号烽火台 130728352101170112

113. 西湾堡 01 号烽火台 130728352101170113

114. 任家窑 01 号烽火台 130728352101170114

115. 任家窑 02 号烽火台 130728352101170115

116. 西沙城 01 号烽火台 130728352101170116

117. 水闸屯 01 号烽火台 130728352101170117

118. 水闸屯 02 号烽火台 130728352101170118

119. 第四屯 02 号烽火台 130728352101170119

120. 第四屯 03 号烽火台 130728352101170120

121. 第六屯 01 号烽火台 130728352101170121

122. 第九屯 01 号烽火台 130728352101170122

123. 皮件梁 01 号烽火台 130728352101170123

124. 皮件梁 02 号烽火台 130728352101170124

125. 龙王塘 01 号烽火台 130728352101170125

126. 园子沟 01 号烽火台 130728352101170126

127. 富民沟 01 号烽火台 130728352101170127

128. 渡口堡 01 号烽火台 130728352101170128

129. 大南沟 01 号烽火台 13072835210117 0129

130. 王沟台 01 号烽火台 13072835210117 0130

131. 翁家湾 01 号烽火台 13072835210117 0131

132. 南堰截 01 号烽火台 13072835210117 0132

133. 南堰截 02 号烽火台 13072835210117 0133

134. 南堰截 03 号烽火台 13072835210117 0134

135. 南堰截 04 号烽火台 13072835210117 0135

136. 南堰截 05 号烽火台 13072835210117 0136

137. 南堰截 06 号烽火台 130728352101170137

138. 南堰截 07 号烽火台 130728352101170138

139. 南堰截 08 号烽火台 130728352101170139

140. 东洋河 03 号烽火台 130728352101170140

141. 赵家窑 17 号烽火台 130728352101170141

142. 赵家窑 18 号烽火台 130728352101170142

143. 赵家窑 19 号烽火台 130728352101170143

144. 赵家窑 20 号烽火台 130728352101170144

145. 赵家窑 21 号烽火台 130728352101170145

146. 赵家窑 22 号烽火台 130728352101170146

147. 赵家窑 23 号烽火台 130728352101170147

148. 渡口堡 02 号烽火台 130728352101170148

149. 两界台 01 号烽火台 130728352101170149

150. 大西沟 01 号烽火台 130728352101170150

151. 大西沟 02 号烽火台 130728352101170151

152. 盘道门 11 号烽火台 130728352101170152

153.景家山 01 号烽火台 130728352101170153

154.盘道门 12 号烽火台 130728352101170154

155.景家山 02 号烽火台 130728352101170155

156.景家山 03 号烽火台 130728352101170156

157.景家山 04 号烽火台 130728352101170157

158.西坪山 01 号烽火台 130728352101170158

159.西坪山 02 号烽火台 130728352101170159

160.西坪山 03 号烽火台 130728352101170160

161. 西坪山 04 号烽火台 130728352101170161

162. 西坪山 05 号烽火台 130728352101170162

163. 西洋河 01 号烽火台 130728352101170163

164. 新龙湾 01 号烽火台 130728352101170164

165. 双落沟 01 号烽火台 130728352101170165

166. 双落沟 02 号烽火台 130728352101170166

167. 双落沟 03 号烽火台 130728352101170167

168. 西洋河 02 号烽火台 130728352101170168

169. 西洋河 03 号烽火台 130728352101170169

170. 西洋河 04 号烽火台 130728352101170170

171. 沙沟 01 号烽火台 130728352101170171

172. 沙沟 02 号烽火台 130728352101170172

173. 沙沟 03 号烽火台 130728352101170173

174. 沙沟 04 号烽火台 130728352101170174

175. 西洋河 05 号烽火台 130728352101170175

176. 西洋河 06 号烽火台 130728352101170176

177. 西洋河 07 号烽火台 130728352101170177

178. 西洋河 08 号烽火台 130728352101170178

179. 西洋河 09 号烽火台 130728352101170179

180. 刘家堡 01 号烽火台 130728352101170180

181. 马市口 01 号烽火台 130728352101170181

182. 马市口 02 号烽火台 130728352101170182

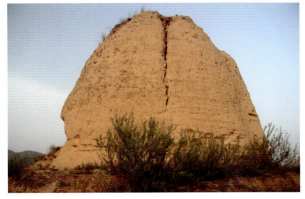

183. 马市口 03 号烽火台 130728352101170183

184. 马市口 04 号烽火台 130728352101170184

185.桃沟 12 号烽火台 13072835210117 0185

186.桃沟 13 号烽火台 13072835210117 0186

187.桃沟 14 号烽火台 13072835210117 0187

188.桃沟 15 号烽火台 13072835210117 0188

189.桃沟 16 号烽火台 13072835210117 0189

190.桃沟 17 号烽火台 13072835210117 0190

191.桃沟 18 号烽火台 13072835210117 0191

192.桃沟 19 号烽火台 13072835210117 0192

193.桃沟 20 号烽火台 1307283521011170193

194.桃沟 21 号烽火台 1307283521011170194

（三）关堡

1. 怀安西洋河堡 130728353102170001

2. 怀安渡口堡 130728353102170002

3. 怀安卫城 130728353102170003

4.怀安左卫城 130728353102170004

5. 怀安旧怀安堡 130728353102170005

7. 怀安团山堡 130728353102170007

6. 怀安李信屯堡 1307283531021700006

8.怀安旧堡 130728353102170008

9.怀安枳儿岭堡 130728353102170009

怀来县

8.怀安旧堡 130728353102170008

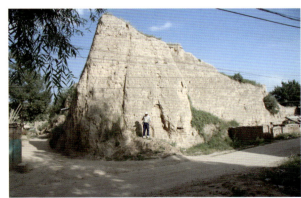

9.怀安枳儿岭堡 130728353102170009

怀来县

（一）墙体

1.陈家堡长城第 1 段墙体 130730382102170001

2.陈家堡长城第 2 段墙体 130730382102170002

3.黄台子长城第 1 段墙体 130730382102170003

4.黄台子长城第 2 段墙体 130730382102170004

5.坊安峪长城第 1 段墙体 130730382102170005

6.坊安峪长城 2 段墙体 130730382102170006

7.陆家坡长城墙体 130730382102170007

8.罗庄长城第 1 段墙体 130730382102170008

9.罗庄长城第2段墙体 130730382102170009

10.大营盘长城墙体 130730382102170010

11.庙港长城墙体 130730382102170011

12.外井长城墙体 130730382102170012

13.水头长城第1段墙体 130730382102170013

14.水头长城第2段墙体 130730382102170014

15.水头山险 130730382102170015

16.水头长城第3段墙体 130730382102170016

17.陈家堡长城 3 段墙体 130730382102170017

（二）单体建筑

1. 下陈家堡 1 号敌台 130730352101170001

2. 下陈家堡 2 号敌台 130730352101170002

3. 下陈家堡 3 号敌台 130730352101170003

4. 下陈家堡 4 号敌台 130730352101170004

5. 下陈家堡 5 号敌台 130730352101170005

6. 下陈家堡 6 号敌台 130730352101170006

7. 下陈家堡 7 号敌台 130730352101170007

8. 下陈家堡 8 号敌台 130730352101170008

9. 下陈家堡 9 号敌台 130730352101170009

10. 下陈家堡 10 号敌台 130730352101170010

11. 陈家堡上堡 1 号敌台 130730352101170011

12. 陈家堡上堡 2 号敌台 130730352101170012

13. 陈家堡上堡 3 号敌台 130730352101170013

14. 陈家堡上堡 4 号敌台 130730352101170014

15. 陈家堡上堡 5 号敌台 130730352101170015

16. 陈家堡上堡 6 号敌台 130730352101170016

17. 陈家堡上堡 7 号敌台 130730352101170017

18. 黄台子 1 号敌台 130730352101170018

19. 黄台子 2 号敌台 130730352101170019

20. 黄台子 3 号敌台 130730352101170020

21. 黄台子 4 号敌台 130730352101170021

22. 黄台子 5 号敌台 130730352101170022

23. 黄台子 6 号敌台 130730352101170023

24. 黄台子 7 号敌台 130730352101170024

25. 黄台子 8 号敌台 1307303521011170025

26. 黄台子 9 号敌台 1307303521011170026

27. 黄台子 10 号敌台 1307303521011170027

28. 黄台子 11 号敌台 1307303521011170028

29. 黄台子 12 号敌台 1307303521011170029

30. 黄台子 13 号敌台 1307303521011170030

31. 黄台子 14 号敌台 1307303521011170031

32. 黄台子 15 号敌台 1307303521011170032

33. 黄台子 16 号敌台 130730352101170033

34. 黄台子 17 号敌台 130730352101170034

35. 黄台子 18 号敌台 130730352101170035

36. 黄台子 19 号敌台 130730352101170036

37. 黄台子 20 号敌台 130730352101170037

38. 黄台子 21 号敌台 130730352101170038

39. 黄台子 22 号敌台 130730352101170039

40. 黄台子 23 号敌台 130730352101170040

41.黄台子 24 号敌台 130730352101170041

42.黄台子 25 号敌台 130730352101170042

43.黄台子 26 号敌台 130730352101170043

44.黄台子 27 号敌台 130730352101170044

45.黄台子 28 号敌台 130730352101170045

46.黄台子 29 号敌台 130730352101170046

47.黄台子 30 号敌台 130730352101170047

48.黄台子 31 号敌台 130730352101170048

49. 黄台子 32 号敌台 130730352101170049

50. 黄台子 33 号敌台 130730352101170050

51. 黄台子 34 号敌台 130730352101170051

52. 黄台子 35 号敌台 130730352101170052

53. 坊安峪 1 号敌台 130730352101170053

54. 坊安峪 2 号敌台 130730352101170054

55. 坊安峪 3 号敌台 130730352101170055

56. 坊安峪 4 号敌台 130730352101170056

57.坊安峪 5 号敌台 130730352101170057

58.坊安峪 6 号敌台 130730352101170058

59.坊安峪 7 号敌台 130730352101170059

60.坊安峪 8 号敌台 130730352101170060

61.坊安峪 9 号敌台 130730352101170061

62.坊安峪 10 号敌台 130730352101170062

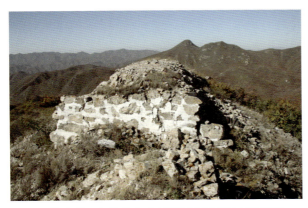

63.坊安峪 11 号敌台 130730352101170063

64.坊安峪村 12 号敌台 130730352101170064

65.坊安峪 13 号敌台 130730352101170065

66.坊安峪 14 号敌台 130730352101170066

67.坊安峪 15 号敌台 130730352101170067

68.坊安峪 16 号敌台 130730352101170068

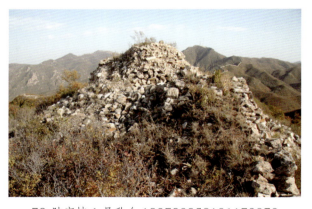

69.坊安峪 17 号敌台 130730352101170069

70.陆家坡 1 号敌台 130730352101170070

71.陆家坡 2 号敌台 130730352101170071

72.陆家坡 3 号敌台 130730352101170072

73.陆家坡 4 号敌台 130730352101170073

74.陆家坡 5 号敌台 130730352101170074

75.陆家坡 6 号敌台 130730352101170075

76.陆家坡 7 号敌台 130730352101170076

77.陆家坡 8 号敌台 130730352101170077

78.陆家坡 9 号敌台 130730352101170078

79.陆家坡 10 号敌台 130730352101170079

80.陆家坡 11 号敌台 130730352101170080

81. 陆家坡 12 号敌台 130730352101170081

82. 陆家坡 13 号敌台 130730352101170082

83. 陆家坡 14 号敌台 130730352101170083

84. 陆家坡 15 号敌台 130730352101170084

85. 陆家坡 16 号敌台 130730352101170085

86. 陆家坡 17 号敌台 130730352101170086

87. 陆家坡 18 号敌台 130730352101170087

88. 陆家坡 19 号敌台 130730352101170088

89.陆家坡 20 号敌台 13073035210117 0089

90.陆家坡 21 号敌台 130730352101170090

91.陆家坡 22 号敌台 130730352101170091

92.陆家坡 23 号敌台 130730352101170092

93.陆家坡 24 号敌台 130730352101170093

94.陆家坡 25 号敌台 130730352101170094

95.陆家坡 26 号敌台 130730352101170095

96.罗庄 1 号敌台 130730352101170096

97. 罗庄 2 号敌台 13073035210110170097

98. 罗庄 3 号敌台 13073035210110170098

99. 罗庄 4 号敌台 13073035210110170099

100. 罗庄 5 号敌台 13073035210110170100

101. 罗庄 6 号敌台 13073035210110170101

102. 石洞 1 号敌台 13073035210110170102

103. 石洞 2 号敌台 13073035210110170103

104. 石洞 3 号敌台 13073035210110170104

105. 石洞 4 号敌台 130730352101170105

106. 石洞 5 号敌台 130730352101170106

107. 石洞 6 号敌台 130730352101170107

108. 庙港 1 号敌台 130730352101170108

109. 庙港 2 号敌台 130730352101170109

110. 庙港 3 号敌台 130730352101170110

111. 庙港 4 号敌台 130730352101170111

112. 庙港 5 号敌台 130730352101170112

113. 庙港 6 号敌台 13073035210117 0113

114. 庙港 7 号敌台 13073035210117 0114

115. 庙港 8 号敌台 13073035210117 0115

116. 庙港 9 号敌台 13073035210117 0116

117. 庙港 10 号敌台 13073035210117 0117

118. 庙港 11 号敌台 13073035210117 0118

119. 庙港 12 号敌台 13073035210117 0119

120. 庙港 13 号敌台 13073035210117 0120

121. 庙港 14 号敌台 130730352101170121

122. 庙港 15 号敌台 130730352101170122

123. 外井 1 号敌台 130730352101170123

124. 外井 2 号敌台 130730352101170124

125. 外井 3 号敌台 130730352101170125

126. 外井 4 号敌台 130730352101170126

127. 外井 5 号敌台 130730352101170127

128. 外井 6 号敌台 130730352101170128

129. 外井 7 号敌台 130730352101170129

130. 外井 8 号敌台 130730352101170130

131. 外井 9 号敌台 130730352101170131

132. 水头 1 号敌台 130730352101170132

133. 水头 2 号敌台 130730352101170133

134. 水头 3 号敌台 130730352101170134

135. 水头 4 号敌台 130730352101170135

136. 水头 5 号敌台 130730352101170136

137. 水头 6 号敌台 130730352101170137

138. 水头 7 号敌台 130730352101170138

139. 水头 8 号敌台 130730352101170139

140. 水头 9 号敌台 130730352101170140

141. 水头 10 号敌台 130730352101170141

142. 水头 11 号敌台 130730352101170142

143. 水头 12 号敌台 130730352101170143

144. 水头 13 号敌台 130730352101170144

145. 水头 14 号敌台 13073035210111170145

146. 水头 15 号敌台 13073035210111170146

147. 水头 16 号敌台 13073035210111170147

148. 水头 17 号敌台 13073035210111170148

149. 水头 18 号敌台 13073035210111170149

150. 陈家堡 1 号烽火台 13073035210111170150

151. 陈家堡 2 号烽火台 13073035210111170151

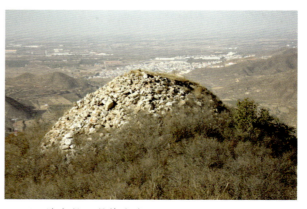

152. 陈家堡 3 号烽火台 13073035210111170152

153. 陈家堡 4 号烽火台 130730352101170153

154. 陈家堡 5 号烽火台 130730352101170154

155. 陈家堡 6 号烽火台 130730352101170155

156. 陈家堡 7 号烽火台 130730352101170156

157. 陈家堡 8 号烽火台 130730352101170157

158. 陈家堡 9 号烽火台 130730352101170158

159. 陈家堡 10 号烽火台 130730352101170159

160. 陈家堡 11 号烽火台 130730352101170160

161.陈家堡 12 号烽火台 13073035210117 0161

162.陈家堡 13 号烽火台 13073035210117 0162

163.陈家堡 14 号烽火台 13073035210117 0163

164.陈家堡村 15 号烽火台 13073035210117 0164

165.陈家堡 16 号烽火台 13073035210117 0165

166.黄台子烽火台 13073035210117 0166

167.坊安峪 1 号烽火台 13073035210117 0167

168.坊安峪 2 号烽火台 13073035210117 0168

169.坊安峪 3 号烽火台 130730352101170169

170.陆家坡 1 号烽火台 130730352101170170

171.陆家坡 2 号烽火台 130730352101170171

172.陆家坡 3 号烽火台 130730352101170172

173.陆家坡 4 号烽火台 130730352101170173

174.陆家坡 5 号烽火台 130730352101170174

175.陆家坡 6 号烽火台 130730352101170175

176.陆家坡 7 号烽火台 130730352101170176

177. 陆家坡 8 号烽火台 130730352101170177

178. 陆家坡 9 号烽火台 130730352101170178

179. 陆家坡 10 号烽火台 130730352101170179

180. 陆家坡 11 号烽火台 130730352101170180

181. 陆家坡 12 号烽火台 130730352101170181

182. 陆家坡 13 号烽火台 130730352101170182

183. 陆家坡 14 号烽火台 130730352101170183

184. 陆家坡 15 号烽火台 130730352101170184

185.陆家坡 16 号烽火台 130730352101170185

186.陆家坡 17 号烽火台 130730352101170186

187.陆家坡 18 号烽火台 130730352101170187

188.南辛堡烽火台 130730352101170188

189.罗庄 1 号烽火台 130730352101170189

190.罗庄 2 号烽火台 130730352101170190

191.石洞 1 号烽火台 130730352101170191

192.石洞 2 号烽火台 130730352101170192

193. 庙港 1 号烽火台 130730352101170193

194. 庙港 2 号烽火台 130730352101170194

195. 庙港 3 号烽火台 130730352101170195

196. 庙港 4 号烽火台 130730352101170196

197. 庙港 5 号烽火台 130730352101170197

198. 外井 1 号烽火台 130730352101170198

199. 外井 2 号烽火台 130730352101170199

200. 外井 3 号烽火台 130730352101170200

201. 外井 4 号烽火台 130730352101170201

202. 外井 5 号烽火台 130730352101170202

203. 外井 6 号烽火台 130730352101170203

204. 外井 7 号烽火台 130730352101170204

205. 水头 1 号烽火台 130730352101170205

206. 水头 2 号烽火台 130730352101170206

207. 水头 3 号烽火台 130730352101170207

208. 水头 4 号烽火台 130730352101170208

209. 水头 5 号烽火台 130730352101170209

210. 水头 6 号烽火台 130730352101170210

211. 水头 7 号烽火台 130730352101170211

212. 水头 8 号烽火台 130730352101170212

213. 水头 9 号烽火台 130730352101170213

214. 水头 10 号烽火台 130730352101170214

215. 石洞 3 号烽火台 130730352101170215

216. 石虎窑烽火台 130730352101170216

217.奚家堡烽火台 130730352101170217

218.土木堡烽火台 130730352101170218

219.太平堡烽火台 130730352101170219

220.西洪站烽火台 130730352101170220

221.麻峪口烽火台 130730352101170221

222.窑子头烽火台 130730352101170222

223.梁水泉 1 号烽火台 130730352101170223

224.梁水泉 2 号烽火台 130730352101170224

225.梁庄烽火台 130730352101170225

226.西八里烽火台 130730352101170226

227.小营烽火台 130730352101170227

228.鸡鸣驿 1 号烽火台 130730352101170228

229.鸡鸣驿 2 号烽火台 130730352101170229

230.陈家堡 1 号马面 130730352101170230

231.陈家堡 2 号马面 130730352101170231

232.黄台子马面 130730352101170232

233. 坊安峪 1 号马面 130730352101170233

234. 坊安峪 2 号马面 130730352101170234

235. 坊安峪 3 号马面 130730352101170235

236. 坊安峪 4 号马面 130730352101170236

237. 陆家坡 1 号马面 130730352101170237

238. 陆家坡 2 号马面 130730352101170238

239. 陆家坡 3 号马面 130730352101170239

240. 石洞 1 号马面 130730352101170240

241. 石洞 2 号马面 130730352101170241

242. 石洞 3 号马面 130730352101170242

243. 庙港 1 号马面 130730352101170243

244. 庙港 2 号马面 130730352101170244

245. 庙港 3 号马面 130730352101170245

246. 庙港 4 号马面 130730352101170246

247. 庙港 5 号马面 130730352101170247

248. 庙港 6 号马面 130730352101170248

249. 庙港 7 号马面 13073035210117 0249

250. 庙港 8 号马面 13073035210117 0250

251. 庙港 9 号马面 13073035210117 0251

252. 外井 1 号马面 13073035210117 0252

253. 外井 2 号马面 13073035210117 0253

254. 外井 3 号马面 13073035210117 0254

255. 外井 4 号马面 13073035210117 0255

256. 水头 1 号马面 13073035210117 0256

257. 水头 2 号马面 130730352101170257

258. 水头 3 号马面 130730352101170258

259. 水头 4 号马面 130730352101170259

260. 陈家堡战台 130730352101170260

261. 坊安峪 1 号战台 130730352101170261

262. 坊安峪 2 号战台 130730352101170262

263. 陆家坡 1 号战台 130730352101170263

264. 陆家坡 2 号战台 130730352101170264

265. 陆家坡 3 号战台 130730352101170265

266. 陆家坡 4 号战台 130730352101170266

267. 陆家坡 5 号战台 130730352101170267

268. 陆家坡 6 号战台 130730352101170268

269. 陆家坡 7 号战台 130730352101170269

270. 陆家坡 8 号战台 130730352101170270

271. 陆家坡 9 号战台 130730352101170271

272. 罗庄 1 号战台 130730352101170272

273. 罗庄 2 号战台 1307303521011170273

274. 罗庄 3 号战台 1307303521011170274

275. 罗庄 4 号战台 1307303521011170275

276. 石洞战台 1307303521011170276

277. 外井战台 1307303521011170277

278. 水头 1 号战台 1307303521011170278

279. 水头 2 号战台 1307303521011170279

280. 水头 3 号战台 1307303521011170280

281.水头 4 号战台 13073035210117 0281

282.水头 5 号战台 13073035210117 0282

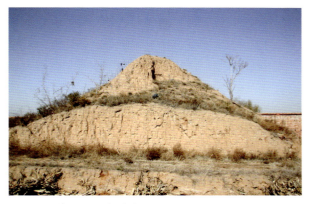

283.羊儿岭 1 号边墩 13073035210117 0283

284.羊儿岭 2 号边墩 13073035210117 0284

285.南辛堡 1 号边墩 13073035210117 0285

286.南辛堡 2 号边墩 13073035210117 0286

287.南辛堡 3 号边墩 13073035210117 0287

288.南辛堡 4 号边墩 13073035210117 0288

289.南辛堡 5 号边墩 130730352101170289

290.南辛堡 6 号边墩 130730352101170290

291.南辛堡 7 号边墩 130730352101170291

292.南辛堡 8 号边墩 130730352101170292

293.南辛堡 9 号边墩 130730352101170293

294.南辛堡 10 号边墩 130730352101170294

295.南辛堡 11 号边墩 130730352101170295

296.南辛堡 12 号边墩 130730352101170296

297. 南辛堡 13 号边墩 1307303521011170297

298. 南辛堡 14 号边墩 1307303521011170298

299. 南辛堡 15 号边墩 1307303521011170299

300. 南辛堡 16 号边墩 1307303521011170300

301. 南辛堡 17 号边墩 1307303521011170301

302. 南辛堡 18 号边墩 1307303521011170302

303. 南辛堡 19 号边墩 1307303521011170303

304. 南辛堡 20 号边墩 1307303521011170304

305.南辛堡 21 号边墩 13073035 2101170305

306.南辛堡 22 号边墩 13073035 2101170306

307.南辛堡 23 号边墩 13073035 2101170307

308.南辛堡 24 号边墩 13073035 2101170308

309.南辛堡 25 号边墩 13073035 2101170309

310.南辛堡 26 号边墩 13073035 2101170310

311.南辛堡 27 号边墩 13073035 2101170311

312.东湾 1 号边墩 13073035 2101170312

313.东湾 2 号边墩 130730352101170313

314.东湾 3 号边墩 130730352101170314

315.东湾 4 号边墩 130730352101170315

316.东湾 5 号边墩 130730352101170316

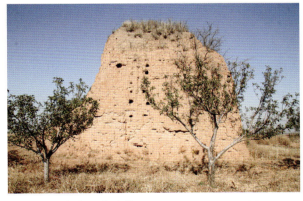

317.东湾 6 号边墩 130730352101170317

318.东湾 7 号边墩 130730352101170318

319.东湾 8 号边墩 130730352101170319

320.东湾 9 号边墩 130730352101170320

321. 东湾 10 号边墩 13073035210117170321

322. 东湾 11 号边墩 13073035210117170322

323. 东湾 12 号边墩 13073035210117170323

324. 大山口 1 号边墩 13073035210117170324

325. 大山口 2 号边墩 13073035210117170325

326. 大山口 3 号边墩 13073035210117170326

327. 大山口 4 号边墩 13073035210117170327

328. 大山口 5 号边墩 13073035210117170328

329. 大山口 6 号边墩 130730352101170329

330. 大山口 7 号边墩 130730352101170330

331. 大山口 8 号边墩 130730352101170331

332. 大山口 9 号边墩 130730352101170332

333. 大山口 10 号边墩 130730352101170333

334. 大山口 11 号边墩 130730352101170334

335. 大山口 12 号边墩 130730352101170335

336. 大山口 13 号边墩 130730352101170336

337. 大山口 14 号边墩 130730352101170337

338. 大山口 15 号边墩 130730352101170338

339. 大山口 16 号边墩 130730352101170339

340. 大山口 17 号边墩 130730352101170340

341. 大山口 18 号边墩 130730352101170341

342. 大山口 19 号边墩 130730352101170342

343. 大山口 20 号边墩 130730352101170343

344. 大山口 21 号边墩 130730352101170344

345.大山口22号边墩 130730352101170345

346.小山口1号边墩 130730352101170346

347.小山口2号边墩 130730352101170347

348.小山口3号边墩 130730352101170348

349.小山口4号边墩 130730352101170349

350.十八家1号边墩 130730352101170350

351.十八家2号边墩 130730352101170351

352.十八家3号边墩 130730352101170352

353. 十八家 4 号边墩 130730352101170353

354. 十八家 5 号边墩 130730352101170354

355. 十八家 6 号边墩 130730352101170355

356. 十八家 7 号边墩 130730352101170356

357. 十八家 8 号边墩 130730352101170357

358. 十八家 9 号边墩 130730352101170358

359. 十八家 10 号边墩 130730352101170359

360. 十八家 11 号边墩 130730352101170360

361.十八家 12 号边墩 130730352101170361

362.十八家 13 号边墩 130730352101170362

363.十八家 14 号边墩 130730352101170363

364.十八家 15 号边墩 130730352101170364

365.十八家 16 号边墩 130730352101170365

366.十八家 7 号边墩 130730352101170366

367.十八家 18 号边墩 130730352101170367

368.十八家 19 号边墩 130730352101170368

369. 十八家 20 号边墩 1307303352101170369

370. 十八家 21 号边墩 1307303352101170370

371. 十八家 22 号边墩 1307303352101170371

372. 南窑 1 号边墩 1307303352101170372

373. 南窑 2 号边墩 1307303352101170373

374. 南窑 3 号边墩 1307303352101170374

375. 南窑 4 号边墩 1307303352101170375

376. 南窑 5 号边墩 1307303352101170376

377. 南窑 6 号边墩 130730352101170377

378. 南窑 7 号边墩 130730352101170378

379. 南窑 8 号边墩 130730352101170379

380. 南窑 9 号边墩 130730352101170380

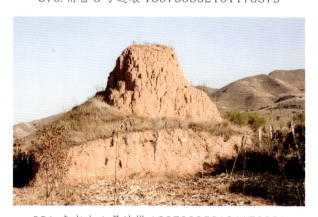

381. 龙宝山 1 号边墩 130730352101170381

382. 龙宝山 2 号边墩 130730352101170382

383. 龙宝山 3 号边墩 130730352101170383

384. 龙宝山 4 号边墩 130730352101170384

385.龙宝山 5 号边墩 1307303521011170385

386.龙宝山 6 号边墩 1307303521011170386

387.龙宝山 7 号边墩 1307303521011170387

388.龙宝山 8 号边墩 1307303521011170388

389.龙宝山 9 号边墩 1307303521011170389

390.龙宝山 10 号边墩 1307303521011170390

391.龙宝山 11 号边墩 1307303521011170391

392.龙宝山 12 号边墩 1307303521011170392

393. 龙宝山 13 号边墩 130730352101170393

394. 龙宝山 14 号边墩 130730352101170394

395. 龙宝山 15 号边墩 130730352101170395

396. 龙宝山 16 号边墩 130730352101170396

397. 龙宝山 17 号边墩 130730352101170397

398. 龙宝山 18 号边墩 130730352101170398

399. 龙宝山 19 号边墩 130730352101170399

400. 龙宝山 20 号边墩 130730352101170400

401. 南寨 1 号边墩 130730352101170401

402. 南寨 2 号边墩 130730352101170402

403. 南寨 3 号边墩 130730352101170403

404. 史庄 1 号边墩 130730352101170404

405. 史庄 2 号边墩 130730352101170405

406. 史庄 3 号边墩 130730352101170406

407. 史庄 4 号边墩 130730352101170407

408. 史庄 5 号边墩 130730352101170408

409. 史庄 6 号边墩 130730352101170409

410. 史庄 7 号边墩 130730352101170410

411. 官厅镇边墩 130730352101170411

（三）关堡

1. 怀来横岭堡 13073035331 02170001

2.怀来板达峪堡 130730353102170002

3.怀来营盘 130730353102170003

4.怀来大山口堡 130730353102170004

5.怀来堡 130730353102170005

6.怀来羊儿岭堡 130730353102170006

7.怀来营盘1号 130730353102170007

8.怀来长安岭堡 130730353102170008

9.怀来新保安堡 130730353102170009

10. 怀来东八里堡 1307303531021700010

11. 怀来土木城堡 130730353102170011

12. 怀来元城子堡 130730353102170012

13. 怀来水石堡 130730353102170013

14.怀来水土堡 130730353102170014

15.怀来淘堡 130730353102170015

16. 怀来龙堡 130730353102170016

17. 怀来庙堡 1 130730353102170017

18.怀来庙堡 2　130730353102170018

19.怀来镇边城 130730353102170019

20. 鸡鸣驿 13073035310217 0020

（四）相关遗存

1.庙港村段挡马墙 130730354104170001

下花园区

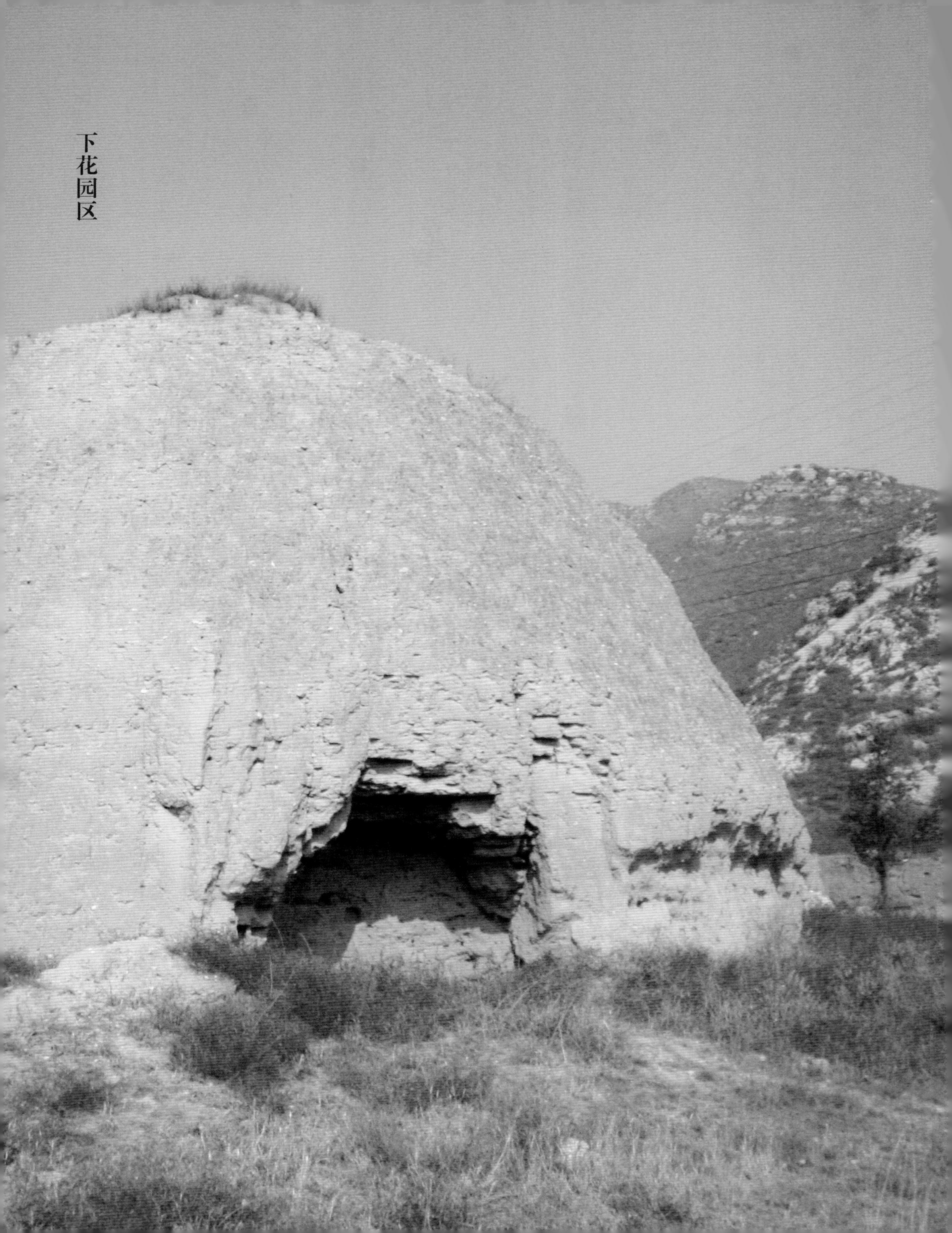

（一）单体建筑

下花园区 01 号烽火台 13070635320117 0001

涿鹿县

（一）墙体

3. 马水口长城第 2 段墙体 130731382102170003　　4. 马水口长城第 3 段墙体 130731382102170004

（二）单体

1.柳树庄 1 号烽火台 130731353201170001

2.柳树庄 2 号烽火台 130731353201170002

3.水关烽火台 130731353201170003

4.大斜阳烽火台 130731353201170004

5.倒拉咀烽火台 130731353201170005

6.台子洼烽火台 130731353201170006

7.下关烽火台 130731353201170007

8.任家湾烽火台 130731353201170008

9. 尤家园烽火台 1307313532011170009

10. 佐卫烽火台 1307313532011170010

11. 凤凰庄烽火台 1307313532011170011

12. 岔道口烽火台 1307313532011170012

13. 雅沟烽火台 1307313532011170013

14. 石翁烽火台 1307313532011170014

15. 西相广烽火台 1307313532011170015

16. 甘庄烽火台 1307313532011170016

17. 孙家沟烽火台 130731353201170017

18. 护路湾烽火台 130731353201170018

19. 泉子沟烽火台 130731353201170019

（三）关堡

1.后沟土堡 13073135331021770001

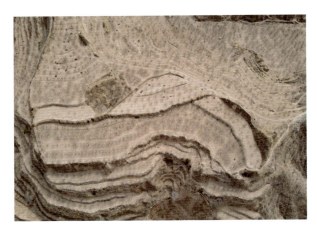

2.岔道土堡 130731353102170002

3.矾山堡 130731353102170003

4.保安州城 1307313531102170004

5.马水口关 1307313531102170005

6.辉耀堡 1307313531102170006

7.广恩屯堡 1307313531102170007

阳原县

（一）单体建筑

1. 东红寺 1 号烽火台 130727353201170001

2. 东红寺 2 号烽火台 130727353201170002

3. 东红寺 3 号烽火台 130727353201170003

4. 东红寺 4 号烽火台 130727353201170004

5. 大黑沟 1 号烽火台 130727353201170005

6. 赵家坪 1 号烽火台 130727353201170006

7. 赵家坪 2 号烽火台 130727353201170007

8. 南口 1 号烽火台 130727353201170008

9.南口 2 号烽火台 130727353201170009

10.沙帽台 1 号烽火台 130727353201170010

11.二台子 1 号烽火台 130727353201170011

12.下沙沟 1 号烽火台 130727353201170012

13.太师梁 1 号烽火台 130727353201170013

14.化稍营 1 号烽火台 130727353201170014

15.二马坊 1 号烽火台 130727353201170015

16.五马坊 1 号烽火台 130727353201170016

17. 千家营 1 号烽火台 130727353201170017

18. 鳌鱼口 1 号烽火台 130727353201170018

19. 西水地 1 号烽火台 130727353201170018

20. 七马坊 1 号烽火台 130727353201170020

21. 石盆 1 号烽火台 130727353201170021

22. 榆林关 1 号烽火台 130727353201170022

23. 窨子沟 1 号烽火台 130727353201170023

24. 香草沟 1 号烽火台 130727353201170024

25. 井儿洼 1 号烽火台 130727353201170025

26. 九马坊 1 号烽火台 130727353201170026

27. 小西沟 1 号烽火台 130727353201170027

28. 西六马坊 1 号烽火台 130727353201170028

29. 西六马坊 2 号烽火台 130727353201170029

30. 牛坊沟 1 号烽火台 130727353201170030

31. 东窑新 1 号烽火台 130727353201170031

32. 西窑 1 号烽火台 130727353201170032

33. 祁红庄 1 号烽火台 130727353201170033

34. 石宝庄 1 号烽火台 130727353201170034

35. 红寺 1 号烽火台 130727353201170035

36. 红寺 2 号烽火台 130727353201170036

37. 瓦窑 1 号烽火台 130727353201170037

38. 西沟堰 1 号烽火台 130727353201170038

39. 南洼 1 号烽火台 130727353201170039

40. 下兹铺 1 号烽火台 130727353201170040

41.起凤坡1号烽火台 130727353201170041

42.西白家泉1号烽火台 130727353201170042

43.毛道沟1号烽火台 130727353201170043

44.柳树皂1号烽火台 130727353201170044

45.柳树皂2号烽火台 130727353201170045

46.上大柳树1号烽火台 130727353201170046

（二）关堡

1. 柳树皂城堡 130727353102170001

2. 西白家泉城堡 130727353102170002

3. 李家窑城堡 130727353102170003

4. 刘元庄城堡 130727353102170004

5. 饷水沟城堡 130727353102170005

6.豹峪城堡 130727353102170006

7.西六马坊城堡 130727353102170007

8.九马坊城堡 130727353102170008

9.上八角城堡 13072735310217000 9

10.八马坊城堡 130727353102170010

11.牛坊沟城堡 130727353102170011

12.西水地城堡 130727353102170012

13.泥泉城堡 130727353102170013

14. 开阳城堡 130727353102170014

15. 葡萄沟城堡 130727353102170015

16. 南口城堡 130727353102170016

蔚县

（一）单体建筑

1.黑石岭烽火台 130726353201170001

2.镇北口烽火台 130726353201170002

3.宋家庄烽火台 130726353201170003

4.下宫烽火台 130726353201170004

5.张南堡烽火台 130726353201170005

6.陈家涧烽火台 130726353201170006

7.单候烽火台 130726353201170007

8.大酒务烽火台 130726353201170008

9.韩家湾烽火台 130726353201170009

10.小嘴烽火台 130726353201170010

11.上陈庄烽火台 130726353201170011

12.黄崖 1 号烽火台 130726353201170012

13.黄崖 2 号烽火台 130726353201170013

14.北梁庄烽火台 130726353201170014

15.古家町烽火台 130726353201170015

16.宋家庄烽火台（杨庄窠）130726353201170016

17. 东方城烽火台 130726353201170017

18. 东辛庄烽火台 130726353201170018

19. 西合营烽火台 130726353201170019

20. 祁家皂烽火台 130726353201170020

21. 北柳枝水烽火台 130726353201170021

22. 古守营烽火台 130726353201170022

23. 黎元下堡烽火台 130726353201170023

24. 红桥烽火台 130726353201170024

25.东店烽火台 130726353201170025

26.大辛柳烽火台 130726353201170026

27.烟墩庄烽火台 130726353201170027

28.白马神烽火台 130726353201170028

29.北水泉烽火台 130726353201170029

30.上马圈烽火台 130726353201170030

（二）关堡

1.黑石岭堡 1307263531202170001

2.蔚州城 1307263531202170002